Frank Jehle Bei offenen Kirchenfenstern

T V Z

Frank Jehle

Bei offenen Kirchenfenstern

Predigten im Radio und an der Universität

Mit 10 Zeichnungen von Hans Thomann

T V Z
Theologischer Verlag Zürich

Publiziert mit freundlicher Unterstützung des Dr. Albert Bühler-Reindl-
Fonds der Universität St. Gallen und des Kirchenrats der
Evangelisch-reformierten Kirche des Kantons St. Gallen

Die Deutsche Bibliothek – Bibliografische Einheitsaufnahme
Die Deutsche Bibliothek verzeichnet diese Publikation in der Deutschen
Nationalbibliographie; detaillierte bibliographische Daten sind im
Internet über http://dnb.ddb.de abrufbar

Umschlaggestaltung
Simone Ackermann, Zürich, unter Verwendung einer Zeichnung von
Hans Thomann

Satz und Layout
Mario Moths, Marl

Druck
AZ Druck und Datentechnik, Kempten

ISBN 978-3-290-17499-6
© 2008 Theologischer Verlag Zürich
www.tvz-verlag.ch

Vorwort

Im November 1964 wurde ich in der Stadtkirche von Bülach im Zürcher Unterland ordiniert. Seither habe ich als *verbi divini minister* im Dienst der evangelisch-reformierten Kirche gestanden – zuerst im Gemeindepfarramt, dann als Religionslehrer an einer höheren Schule und zuletzt zweiundzwanzig Jahre lang als Seelsorger und Lehrbeauftragter für evangelische Theologie an der Universität St. Gallen.

Die Umstände brachten es mit sich, dass ich mich meistens in einem Milieu bewegen und bewähren musste, das der institutionellen Kirche eher fern stand. Als Religionslehrer hatte ich mit oft ausgesprochen kritischen jungen Menschen zu debattieren. Dazu kamen Begegnungen mit Vertretern der verschiedensten Wissenschaften im Lehrerzimmer und der fortlaufende Dialog mit meinem katholischen Kollegen. Seine hohe theologische Kompetenz nötigte mich, die Grenzen meiner eigenen Konfession zu überschreiten. Wenn ich wirklich mitreden wollte, musste ich auch Rahner und Teilhard de Chardin lesen.

Die Jahre an der Universität führten mich unter einen noch einmal weiteren Horizont. Auch – oder sogar besonders – bei Menschen, die den verfassten Kirchen fern stehen, stiess ich oft auf religiöse und theologische Interessen. Es kam zu anregenden Gesprächen nicht nur mit Kirchenmitgliedern, sondern auch mit Juden, Muslimen, Hindus, Buddhisten, Gefolgsleuten von Konfuzius und mit Agnostikern.

Gepredigt habe ich in all den Jahren leidenschaftlich gern, auch nach dem Ausscheiden aus dem Gemeindepfarramt. Ich nahm Stellvertretungen an, wenn immer das möglich war, taufte Kinder, hielt Trauungen und Beerdigungen. Leitend war dabei für mich, den christlichen Glauben nicht zu verstecken oder zu bagatellisieren, aber trotzdem eine verständliche Sprache zu sprechen. Auf einen literarischen Stil habe ich nie Wert gelegt. Nach meinem Dafürhalten soll eine Predigt schlicht sein.

Eine wichtige Erfahrung für mich war, dass ich in den letzten Jahren regelmässig am Schweizer Radio DRS2 predigen durfte. Die besonderen Umstände nötigten mich zur Kürze. Da nur elf bis allerhöchstens zwölf Minuten zur Verfügung stehen, war es nicht möglich, lange Bibelabschnitte auszulegen. Zunehmend redete ich nicht über Texte, sondern über Themen.

Es ist schier unglaublich, wie viele – zumeist positive – Echos man als Radioprediger bekommt. Die Publikumsforschung fand heraus, dass über hunderttausend Frauen und Männer die religiösen Sendungen am Sonntagmorgen einschalten – oft Leute, die man selten oder nie in einer Kirche sieht. Besonders ihnen sei dieses Buch gewidmet. Ich möchte dazu verhelfen, dass man nicht einfach «blind» glauben muss, sondern den Glauben verstehen kann. – Aufgenommen in diese Sammlung habe ich auch Predigten, die ich bei anderen Gelegenheiten hielt – in Universitätsgottesdiensten, an der Synode und anderswo. Sie mögen das Bild ergänzen.

Für den Aufbau dieses Buches waren mehrere Möglichkeiten denkbar: nach der Reihenfolge der Texte in der Bibel, nach dem Kirchenjahr oder nach der Entstehungszeit der Predigten. Ich entschied mich für eine thematische Disposition: Gottesfrage, Schöpfung, Jesus usw. Es entstand fast so etwas wie eine Glaubens- und Lebenslehre für Nichttheologinnen und Nichttheologen, die natürlich ergänzungsbedürftig ist. Das ursprüngliche Predigtdatum wird jeweils am Schluss genannt, weil Predigten ja nie zeitlos sind. Teilweise wird auch der Bibeltext – oder ein Ausschnitt davon – abgedruckt, auf Wunsch des Verlags so weit wie möglich in der Fassung der Zürcher Bibel von 2007. Für die Buchausgabe wurden die Predigten gelegentlich leicht verändert.

Meinem Freund, dem St. Galler Künstler Hans Thomann, danke ich für die Skizzen, die er für mich aus seinem reichen Fundus ausgewählt hat, ebenso Paul Brigger von Schweizer Radio DRS und dem kirchlichen Radiobeauftragten Martin Peier für unermüdliche Beratung und Unterstützung. Der Verlagsleiterin des Theologischen Verlags Zürich, Marianne Stauffacher, bin ich dankbar dafür, dass sie den kleinen Band ins Verlagsprogramm aufgenommen und liebevoll betreut hat.

ST. GALLEN, 11. APRIL 2008   FRANK JEHLE

Hans Thomann über seine Bilder

Während meines Stipendienaufenthalts in Rom besuchte ich jede Kirche. Ich fotografierte jeweils die zumeist lebensgrosse Figur des Gekreuzigten.

Diese Fotografien dienten als Vorlage für 33 Konturzeichnungen. Für jedes Lebensjahr Christi eine Zeichnung. Diese wurden, einem Daumenkino gleich, als Videofilm, mit dem Titel «CD-ROM», animiert.

Wegen der unterschiedlichen Bein-, Arm- und Kopfhaltungen scheint die Figur zu tanzen und zu fliegen.

Es war mir wichtig, das Symbol des corpus Christi, dem wir im Alltag häufig unachtsam begegnen, aus dem herkömmlichen Kontext herauszulösen und neu zu beleben.

Einige dieser Zeichnungen finden Sie in diesem Buch.

Die Arbeit auf der Titelseite trägt den Titel *«ggT»* (grösster gemeinsamer Teiler). Auf dieser Arbeit sind alle Konturzeichnungen auf einem Blatt vereint. Dabei wird die gemeinsam geteilte Fläche aller 33 Zeichnungen sichtbar.

ST. GALLEN, 11. APRIL 2008 HANS THOMANN

INHALT

EINSTIMMUNG

Evangelisation ist gleich einem Bettler, der einem anderen Bettler sagt, wo sie beide etwas zu essen finden können[1]

Der Besuch des Dalai Lama in der Schweiz liegt bereits drei Monate zurück.[2] Es ist wieder stiller geworden. Vielleicht lohnt es sich, diese Stille zu nutzen, noch einmal nachzudenken – und zwar aus einer christlichen Sicht. Etwas möchte ich an den Anfang stellen: Ich habe eine grosse Achtung vor dem Oberhaupt der tibetanischen Buddhisten. Ich bewundere ihn sogar. Mühe bereiten mir aber manchmal gewisse seiner Anhängerinnen und Anhänger in der Schweiz. Ich versuche, das zu erklären.

Zunächst zum Dalai Lama selbst: Er ist eine beeindruckende Gestalt. Als junger Mensch aus seiner Heimat vertrieben, gelang es ihm, den Mut nicht zu verlieren. Seine Landsleute, die ebenfalls in fremde Länder vertrieben worden waren, konnte er zusammenhalten. Er kümmerte sich um ihre religiöse und nationale Identität. Zugleich beschwor und beschwört er sie, nicht den Weg der Gewalt gegen das übermächtige China zu beschreiten, sondern unbedingt gewaltlos zu bleiben. Vorbildlich ist seine Heiterkeit, sein herzhaftes Lachen. Dazu kommen seine Bescheidenheit und Demut. Wichtig dünkt mich auch seine Botschaft an Menschen im Bereich der christlichen Tradition. Bekehrt euch nicht voreilig und unüberlegt zum Buddhismus! Sondern: Kümmert euch zunächst um eure eigenen religiösen Wurzeln!

Doch nun zu den Anhängerinnen und Anhängern des Dalai Lama: Aufgefallen ist mir – nicht bei allen, aber bei manchen – eine unkritische Haltung gegenüber dem Buddhismus, verbunden mit Unkenntnis des Christentums, die zu Fehlur-

---

[1] Zum Titel vgl.: Hanfried Krüger und Walter Müller-Römheld (Hg.), Bericht aus Nairobi 1975. Frankfurt a. M. 1976, S. 16.
[2] Vom 5.–12. August 2005 hielt der Dalai Lama öffentliche Vorträge im Zürcher Hallenstadion.

teilen führt. Unter anderem stiess ich mich an der Behauptung gewisser Anhängerinnen und Anhänger des Dalai Lama, dieser «missioniere» eben nicht, anders als die Christen. Sofern man das Wort «missionieren» nicht negativ versteht – im Sinne von religiöser Vergewaltigung, von unehrlichem den andern Überreden, von unlauteren Bekehrungsmethoden, indem man den Leuten Angst macht, ihnen materielle Vorteile verspricht oder sogar beides –, ist es doch ganz eindeutig: Wenn der Dalai Lama in der Schweiz vor vielen Nichtbuddhisten religiöse Schriften des Buddhismus auslegt und dabei Verständnis für sie zu wecken versucht, missioniert auch er. Bereits durch seine blosse Existenz macht er für seinen Glauben Werbung.

Und etwas anderes: Ich finde es überhaupt nicht ehrenrührig, wenn jemand für seinen Glauben missioniert. Es kommt nur auf den Stil an. Ich möchte ein Gleichnis machen: Eltern haben ein schwerkrankes Kind. Nach langem Suchen finden sie einen Arzt, der helfen kann. Es ist doch nur natürlich, wenn sie die Adresse dieses Arztes anderen Eltern weitersagen, deren Kinder die gleiche Krankheit haben. Es wäre sogar unmenschlich, wenn sie den Namen dieses Arztes nicht weitergeben würden.

Jeder, der etwas Hilfsreiches, Wertvolles und Schönes gefunden hat, ist geradezu verpflichtet, es nicht einfach für sich zu behalten. So war es übrigens mit dem historischen Buddha selbst. Nach langjährigem Suchen und Meditieren fand er die Erleuchtung, das Nirwana. Die Legende erzählt, dass in diesem Augenblick – Buddha sass in einer Vollmondnacht unter einem Feigenbaum – Mara, der Versucher, vor ihn trat und sagte: «Jetzt hast du das Glück gefunden. Geniesse es und behalte es für dich selbst! Kümmere dich doch nicht um die anderen, die noch nicht so weit gekommen sind! Das wäre ja nur mühselig.» Aber Buddha wies diese Versuchung zurück. Während Jahrzehnten wanderte er im Ganges-Tal von Dorf zu Dorf, um den Menschen von dem, was ihm aufgegangen war, zu erzählen und ihnen auf diesem Weg zu helfen. Weil er mit den Menschen Mitleid hatte, setzte er – wie die buddhistischen Texte sagen – das «Rad der Lehre» in Bewegung.

Ich denke, Mission gehört, recht verstanden, zu jeder Religion. Der seinerzeit hochangesehene Zürcher Theologe Emil Brunner sagte: «Eine Kirche, die nicht missioniert, hat demissioniert.»[3] Buddha hat missioniert. Der Dalai Lama missioniert. Muhammad hat missioniert. In der Antike ist auch das Judentum eine missionarische Religion gewesen, eine Zeitlang sehr erfolgreich. (Erst die Judenverfolgungen führten dazu, dass sich die jüdische Religion immer mehr nach innen wandte.) Für alle, die wirklich einen Glauben haben, ist Mission eine selbstverständliche Verpflichtung.

Im Spätherbst 1975 fand in Nairobi/Kenia die fünfte Vollversammlung des Ökumenischen Rates der Kirchen statt. 698 Delegierte von 286 Mitgliedkirchen und weitere Mitarbeiter diskutierten während zweieinhalb Wochen über Situation und Aufgaben des christlichen Glaubens in der Welt. Damals fand man einen wunderbaren Satz, den ich gern zitiere: «Evangelisation [oder Mission] ist gleich einem Bettler, der einem anderen Bettler sagt, wo sie beide etwas zu essen finden können.»[4] Ein Bettler oder eine Bettlerin gibt die Botschaft dem oder der andern weiter. Das heisst, es geht um eine völlig gewaltfreie und bescheidene Form von Mission. Man schenkt einfach weiter, was man selbst als heilvoll und hilfreich erfahren hat. Man spürt in sich selbst den Auftrag: Bezeuge es mit deinem Wort und mit deiner Tat! Was dir selbst geschenkt worden ist, behalte es nicht für dich! Gegenüber den suchenden anderen hast du eine Verpflichtung.

Einer der bedeutendsten christlichen Missionare aller Zeiten war der Apostel Paulus. Ursprünglich war er dem christlichen Glauben feind. Doch dann, in der Gegend der syrischen Hauptstadt Damaskus, trat ihm der auferstandene Christus

---

[3] Nach: Werner Kohler, Westliches Christentum in der Begegnung mit den Völkern. In: Peter Vogelsanger (Hg.), Der Auftrag der Kirche in der modernen Welt. Festgabe zum siebzigsten Geburtstag von Emil Brunner. Zürich und Stuttgart 1959, S. 309.

[4] Vgl. Anm. 1.

selbst in den Weg. «Saul, Saul, was verfolgst du mich?» (Apg 9,4) Von da an war Paulus wie ein gewendeter Handschuh. Rastlos reiste er von Land zu Land – man hat ausgerechnet, dass er mindestens 4100 Kilometer zurücklegte, und das zu Fuss! –, um den Menschen das Evangelium zu bringen. Dazu kommen natürlich noch die Reisen mit dem Schiff. Wie es dabei zu und her gehen konnte, beschreibt er in einem seiner Briefe selbst:

«Oft war ich auf Reisen, oft war ich Gefahren ausgesetzt durch Flüsse, durch Wegelagerer, durch Volksgenossen und Fremde; in der Stadt, in der Einöde, auf dem Meer, durch falsche Brüder. Es gab Mühsal und Plage, ich ertrug viele durchwachte Nächte, Hunger und Durst, häufiges Fasten, Kälte und Blösse.» (2Kor 11,26f.)

Oder noch etwas vorher im gleichen Brief:

«Dreimal bekam ich die Prügelstrafe, einmal wurde ich gesteinigt, dreimal erlitt ich Schiffbruch, einen Tag und eine Nacht trieb ich auf offener See.» (2Kor 11,25)

Wenn Paulus in eine Stadt kam – in Kleinasien, Mazedonien oder Griechenland –, machte er nichts anderes als der Dalai Lama. Er trat als Lehrer auf und bemühte sich, den christlichen Glauben zu erklären.

Im Römerbrief, vielleicht seinem letzten Brief, der deshalb als sein Vermächtnis gelesen werden kann, schreibt Paulus – und das ist heute mein eigentlicher Predigttext:

Denn ich schäme mich des Evangeliums nicht; eine Kraft Gottes ist es zur Rettung für jeden, der glaubt [...].
(Röm 1,16)

Wichtig an diesem Text dünkt mich zunächst das Ich-schäme-mich-des-Evangeliums-nicht. Denn wirklich, wir brauchen uns des Evangeliums nicht zu schämen, wenn wir dazu stehen und es weiter geben. Aber dann kommt das Inhaltliche dazu. Evangelium ist ein griechisches Wort und bedeutet auf Deutsch Frohe Botschaft. Das Evangelium ist eine Geschenkpackung. Wenn wir die Seidenschleifen aufknöpfen und das Geschenkpapier entfernen, finden wir als Geschenk die «Kraft Gottes», wie Paulus sich ausdrückt, die Kraft eines Gottes, der uns kennt und der uns liebevoll persönlich anspricht. Denn das ist die Frohe Botschaft: Gott liebt uns. Es kommt dabei nicht auf unsere positiven oder negativen Eigenschaften an. Gott liebt nicht nur die Schönen, sondern auch die Hässlichen, nicht nur die Starken, sondern auch die Schwachen, nicht nur die Gescheiten, sondern auch die weniger Klugen, nicht nur die aus irgendeinem Grund besonders Vorbildlichen, sondern auch diejenigen, die gegenüber sich selbst, gegenüber ihren Mitmenschen oder auch gegenüber Gott schuldig geworden sind. Es geht nur darum, diese Liebe Gottes anzunehmen, unsere Hände dafür zu öffnen. Die biblische Sprache braucht dafür den Ausdruck Glauben. Wer glaubt, darf leben. Wer glaubt, darf ein neuer Mensch sein. Das Evangelium ist eine Kraft, die uns zum Leben Mut macht.

Liebe Hörerin, lieber Hörer, Ende Oktober feiert die protestantische Welt in allen Ländern die 95 Thesen Martin Luthers, mit denen seinerzeit im Jahr 1517 die Reformation anfing. Wie sein grosses Vorbild Paulus war auch Luther ein Mensch, der sich des Evangeliums nicht schämte. In einem autobiographischen Rückblick schreibt der alt gewordene Luther, als er sich bei der Auslegung des Römerbriefs des Apostels Paulus mit dem vorhin zitierten Wort «Denn ich schäme mich des Evangeliums nicht ...» beschäftigt und angefangen habe, die ganze Tragweite der Aussagen des Apostels zu begreifen, habe er sich «völlig neu geboren» gefühlt, als wäre er «durch die geöffneten Pforten ins Paradies selbst eingetreten».[5] – «Hier stehe ich, ich kann nicht anders. Gott helfe mir, Amen!», sagte er auf dem Reichstag vor dem Kaiser, als die Gefahr bestand, dass er als Ketzer verhaftet und zum Tod auf dem Scheiterhaufen verurteilt würde.[6]

---

[5] Martin Luther, Weimarer Ausgabe 54, S. 185, 14ff.
[6] Vgl. Walther von Loewenich, Martin Luther. Der Mann und das Werk. München 1982, S. 185.

Liebe Hörerin, lieber Hörer, ich möchte meine Predigt so zu-sammenfassen: Nehmen wir doch Abstand davon, das Wort «Mission» oder «Evangelisation» negativ zu verstehen – im Sinne von religiöser Indoktrinierung und Vergewaltigung. Sondern fangen wir wieder an, zu dem zu stehen und es wei-ter zu geben, was der Grund unseres Lebens ist, unser «einzi-ger Trost im Leben und im Sterben», wie der Heidelberger Ka-techismus es formuliert.[7] Schämen wir uns des Evangeliums nicht, so wenig der Dalai Lama sich des Buddhismus schämt! Es ist wunderschön, wenn man seinen eigenen Glauben kennt und wenn man dazu steht. Nur dann kann man wirklich mit Andersgläubigen ins Gespräch kommen und dann auch gegen-seitig von einander lernen. Amen.

RADIOPREDIGT AM 30. OKTOBER 2005

---

[7] Heidelberger Katechismus, Frage 1.

ZUR GOTTESFRAGE

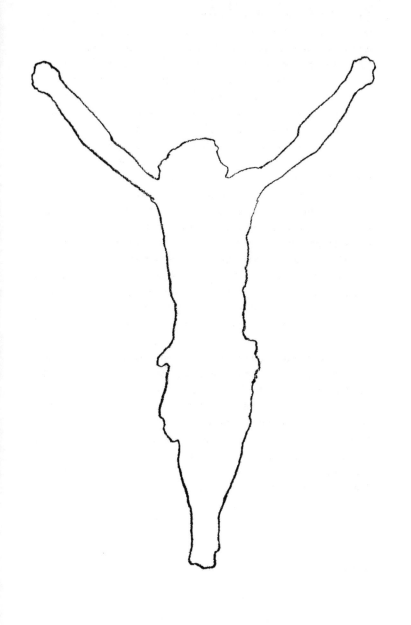

Von der göttlichen Ruhe

Liebe Hörerin, lieber Hörer, zunächst eine grundsätzliche Überlegung: Gott ist immer noch anders als die Bilder und Begriffe, die wir uns von ihm machen. Wie schon gesagt wurde: Der wirkliche Gott ist der «Gott über Gott».[8] Wir sollten das nicht vergessen und unsere persönlichen Gottesvorstellungen nicht mit Gott verwechseln. Aber auch das andere ist wahr: Als Menschen sind wir trotzdem auf Bilder und Begriffe angewiesen, wenn wir von Gott reden wollen – und nicht einfach mystisch schweigen. Und wir *müssen* von Gott reden, wenn wir unseren Glauben weitergeben wollen, es sollte aber eine bescheidene Gottesrede sein. Und damit noch einmal zum Problem der Gottesbilder, der Gottesbegriffe: Es gibt offensichtlich angemessene und weniger angemessene Gottesbilder. Ohne zu werten, nenne ich zwei Gottesbilder aus dem nicht-christlichen Bereich: die kämpfende Göttin Kali und den schlafenden Gott Vishnu. In einer Höhle in der Nähe der indischen Millionenstadt Mumbay stehen sich diese beiden Gottesbilder friedlich gegenüber.

Eigenartig ist das Folgende: Gottesbilder und Menschenbilder hängen gegenseitig voneinander ab. Wo Gott als gewalttätiger Herrscher dargestellt wird, gehen oft auch die Menschen gewalttätig miteinander um. Oder umgekehrt: Wo Menschen gewalttätig miteinander umgehen, stellt man sich oft auch Gott als gewalttätig und furcherregend vor.

Oder ein anderer Aspekt: Wenn von Gott einseitig als Vater oder Mutter die Rede ist, besteht auf der menschlichen Seite die Gefahr einer falschen Kindlichkeit. Wir sollten mündige Männer und Frauen sein, die die Verantwortung für das, was in unserer Macht steht, nicht auf eine höhere Instanz abwälzen. Allerdings: Manchmal brauchen wir einen väterlichen oder mütterlichen Gott, weil wir sonst überfordert sind, uns selber überfordern.

---

[8] Man denke dabei vor allem an Paul Tillich und Carl Gustav Jung!

Wesentlich ist, dass man ein Gottesbild nicht absolut setzt. Wichtig sind verschiedene Gottesbilder, die alle von je verschiedener Seite auf das göttliche Geheimnis hinweisen, Gottesbilder, die sich gegenseitig relativieren.

Und aus christlicher Perspektive ist noch wichtiger: Kriterium oder Prüfstein der verschiedenen Gottesbilde ist Jesus Christus selbst. Plakativ gesagt: Gottesbilder müssen christusverträglich sein.

Interessant ist, wie auf Grund dieser Christusverträglichkeit ältere Gottesbilder im Neuen Testament verändert wurden. Ich nenne ein Beispiel: Eines der urtümlichsten Gottesbilder überhaupt ist dasjenige des göttlichen Kriegers. Vorhin habe ich die indische Göttin Kali erwähnt, die oft mit einer Waffe in der Hand dargestellt wird. Ähnliche Gottesbilder waren auch im alten Orient verbreitet. Nun, es gibt dieses Gottes- beziehungsweise Christusbild auch im Neuen Testament, in der Offenbarung des Johannes: der Reiter auf dem weissen Pferd mit einem blutbespritzten Mantel (Offb 19,11ff.) – wie ein römischer Triumphator, aber mit einer wesentlichen Veränderung oder Umdeutung: Das Blut auf dem Mantel ist nicht das der Feinde, sondern das eigene. «In diesem haben wir die Erlösung durch sein Blut.» (Eph 1,7) Und das Schwert des Reiters auf dem weissen Pferd ist das Wort. Das heisst: Nicht ein physischer, sondern ein geistiger Kampf wird gekämpft. Nicht die besseren materiellen Waffen, sondern die besseren Argumente entscheiden. Das uralte Bild des göttlichen Kriegers nimmt im Neuen Testament also eine völlig neue – eine christusförmige – Gestalt an.

Doch jetzt zum heutigen Predigttext! Es handelt sich um den Schluss der Schöpfungsgeschichte im Alten Testament:

Und so wurden vollendet Himmel und Erde und ihr ganzes Heer. Und Gott vollendete am siebten Tag sein Werk, das er gemacht hatte, und er ruhte am siebten Tag von all seinem Werk, das er gemacht hatte. Und Gott segnete den siebten Tag und heiligte ihn, denn an ihm ruhte Gott von all seinem Werk, das er durch sein Tun geschaffen hatte. (Gen 2,1–4a)

Gott ruhte am siebten Tag! Auch hier geht es um ein Gottesbild – ein ruhender Gott; ein Gott, der nach strenger Arbeit eine Pause einlegt; ein Gott, der von seinem Werk Abstand nimmt, ihm eine jedenfalls relative Selbständigkeit zugesteht; ein Gott, der so viel Vertrauen in seine Schöpfung hat, dass er sie für vollendet erklärt; ein Gott, der nicht meint, pausenlos weitermachen zu müssen – von der Angst getrieben, irgendetwas sei immer noch nicht vollkommen; nicht vom Ehrgeiz verzehrt, alles müsse immer noch besser werden.

Ich denke, aus unserer eigenen Erfahrungswelt kennen wir die Erscheinung: ein Chef, der immer weiter kontrolliert und damit seine Mitarbeiterinnen und Mitarbeiter verunsichert und lähmt; eine Mutter, die ihre allmählich erwachsen werdenden Kinder nicht loslassen kann.

Vor einiger Zeit begegnete ich der Mutter eines Studenten an der Universität St. Gallen. Sie fährt regelmässig in die Stadt, um das Zimmer ihres 22-jährigen Sohnes aufzuräumen und die Bettwäsche zu wechseln. Die Frau meint es gut. Sie hat auch Gründe, sich um ihren Sohn zu sorgen, da er gesundheitliche Probleme hat. Und doch lähmt sie ihren Sohn, nimmt ihm die Initiative, die er für das Studium brauchen würde. Ich denke, sie müsste ihren Sohn in aller Liebe einfach einmal lassen können, ihm die Chance geben, sich selber zu entwickeln, auch in eigener Verantwortung Fehler zu machen und daraus zu lernen.

Zum Tätigkeitswort lassen bildeten die grossen Mystiker des späten Mittelalters das Wort Gelassenheit, ein wunderschönes und hilfreiches Wort. «Ich bin gelassen» heisst: Ich entkrampfe mich und lasse einfach geschehen.

Und damit sind wir wieder beim Predigttext: Das Bild des Gottes, der am siebten Schöpfungstag ruht, ist das Bild eines gelassenen Gottes, eines Gottes, der eine grosse Ruhe ausstrahlt, das Gegenteil eines nervösen Gottes. Ich habe vorhin gesagt, Gottesbilder im Rahmen des christlichen Glaubens müssten christusverträglich sein. Wie steht es im Zusammenhang mit dem Bild des am siebten Schöpfungstag ruhenden Gottes damit? Ich denke, es ist eindeutig:

Jesus Christus selbst wird in den Evangelien nicht als nervös und verkrampft dargestellt, sondern als eine Gestalt, von der eine gesammelte Ruhe ausgeht. Ein wunderschönes Beispiel ist die Geschichte von der Stillung des Sturmes auf dem See von Gennesaret, in der Jesus mitten in den hoch gehenden Wellen einen tiefen und gesunden Schlaf hat. (Mk 4,35–41)

Dieselbe Gelassenheit findet ihren Ausdruck besonders auch in vielen Gleichnissen Jesu. Nur ein paar Beispiele: Der Sämann, der darauf vertraut, dass die Ernte gross sein wird, auch wenn dem ausgestreuten Samen viel Ungemach zustösst (Mk 4,3–8); das Unkraut unter dem Weizen, das bis zum Tag der Ernte wachsen darf – wer zu früh jätet, rupft sonst vielleicht auch zu viel aus (Mt 13,24–30); die Frau, die weiss, dass sie den Sauerteig wirken lassen muss – wenn sie zu früh bäckt, ist das Brot ungeniessbar (Mt 13,33); der Vater, der seinen Sohn in die Fremde ziehen lässt und nicht zurückhält (Lk 15,11–32).

Und so weiter und so fort! Das Bild des am siebten Schöpfungstag ruhenden Gottes ist christusverträglich – selbstverständlich als ein Gottesbild neben anderen. Vielleicht ist es aber gerade für uns hilfreich, da viele von uns häufig in der Gefahr sind, viel zu aktiv zu sein, sich zu viele Sorgen zu machen.

Hören wir Jesus in der Bergpredigt:

«Sorgt euch also nicht und sagt nicht: Was werden wir essen? Oder: Was werden wir trinken? Oder: Was werden wir anziehen? Denn um all das kümmern sich die Heiden. Euer himmlischer Vater weiss nämlich, dass ihr das alles braucht. [...] Sorgt euch also nicht um den morgigen Tag, denn der morgige Tag wird für sich selber sorgen. Jeder Tag hat genug an seiner eigenen Last.» (Mt 6,31 und 34)

«Wer von euch vermag durch Sorgen seiner Lebenszeit auch nur eine Elle hinzuzufügen?» (Mt 6,27)

Es sind gelassene Worte, Worte, die vielen gut tun.

Noch ganz kurz: Ich habe in der Einleitung gesagt, dass Gottesbilder und Menschenbilder gegenseitig voneinander abhängen. In unserem Predigttext ist es auch so. Es ist von Gottes Ruhen am siebten Schöpfungstag die Rede, aber es geht dann weiter: «Und Gott segnete den siebten Tag und heiligte ihn.» Das heisst: Gott sondert diesen Tag aus und gibt ihm auch für die Menschen eine besondere Bedeutung, welche, wer in der Bibel liest, allerdings erst später erfährt: in den Zehn Geboten, mit denen dann auch für die Menschen, besonders für die Abhängigen, die Sklavinnen und Sklaven, die Fremdarbeiter und sogar das Vieh ein regelmässig wiederkehrender wöchentlicher Ruhetag gefordert wird – mit der folgenden Begründung:

«Denn in sechs Tagen hat der HERR den Himmel und die Erde gemacht, das Meer und alles, was in ihnen ist, dann aber ruhte er am siebten Tag. Darum hat der HERR den Sabbattag gesegnet und ihn geheiligt.» (Ex 20,11)

Der Kreis hat sich geschlossen. Auch ich will deshalb meine Predigt abbrechen, mir nicht einbilden, ich müsse in einer einzigen Predigt alles sagen, sondern selber gelassen sein. Zum Schluss wünsche ich Ihnen einfach noch ein gutes Stück Ruhe und eben Gelassenheit – heute, aber auch wenn der Alltag morgen wieder anfängt. Amen.

RADIOPREDIGT AM 22. JANUAR 2006

Zwischenräume haben es in sich

Und Gott machte die Feste und schied das Wasser
unter der Feste vom Wasser über der Feste. Und so
geschah es. (Gen 1,7)

Mit einer Gruppe von Studierenden an der Universität St. Gallen habe ich das kleine Buch Tao-Tê-King des chinesischen Denkers Lao-tse gelesen und diskutiert. Als westliche Menschen staunten wir über die grosse Weisheit.

Ein typischer Text lautet so:

«Bleib ohne Tun –
Nichts, das dann ungetan bliebe.

Nimmst du das Reich, sei ständig ohne Geschäft!
Denn wer beschäftigt ist,
Ist unzulänglich, das Reich zu nehmen.»[9]

Ein Wort, das auch für viele Überbeschäftigte, Gehetzte und Gestresste bei uns im Westen gut ist!

Aber ein ganz anderer Aspekt: Die chinesischen Weisen haben früher als viele im Abendland begriffen, dass auch – wenn ich das Ganze etwas rätselhaft formulieren darf – das Nichts nicht nichts ist. Bei Lao-tse findet sich das Bild vom Rad. Es besteht aus Felgen und Speichen. In der Mitte ist die Nabe, ein leeres Loch. Und doch strebt alles darauf zu. Ohne die Nabe läuft nichts. Dieses merkwürdige Nichts ist das eigentliche Zentrum, das, worauf es ankommt.

Bei Lao-tse selbst steht es so:

«Der Speichen dreimal zehn
Auf einer Nabe stehn.
Eben dort, wo sie nicht sind,
Ist des Wagens Brauchbarkeit.»[10]

---

[9] Lao-tse, Tao-Tê-King. Reclams Universal-Bibliothek 6798. Durchgesehene und verbesserte Ausgabe. Stuttgart 1979, S. 77.
[10] Ebenda, S. 35.

Und zwei andere Bilder mit dem selben Inhalt werden angeschlossen:

> «Man knetet Ton zurecht
> Zum Trinkgerät;
> Eben dort, wo keiner ist,
> Ist des Gerätes Brauchbarkeit.

> Man meisselt Tür und Fenster aus
> Zur Wohnung.
> Eben dort, wo nichts ist,
> Ist der Wohnung Brauchbarkeit.

> Wahrlich:
> Erkennst du das Da-Sein als einen Gewinn,
> Erkenne: Das Nicht-Sein macht brauchbar.»[11]

Und damit stehen wir mitten vor dem Abschnitt aus der berühmten Schöpfungsgeschichte im Alten Testament, über den
ich mit Ihnen zusammen nachdenken möchte. Sie kennen den
Text: Gott trennt das Himmelsgewölbe, das Firmament, von
der Erde. Es entsteht ein hohler Zwischenraum, in dem wir
und alle andern Geschöpfe existieren können. Ohne diesen
leeren Raum gäbe es diese ganze Schöpfung nicht.

Ich könnte hier auch den tiefsinnig-lustigen Dichter Christian Morgenstern zitieren (der übrigens bewusst ein Christ
war):

> «Es war einmal ein Lattenzaun
> mit Zwischenraum, hindurchzuschaun [...].»[12]

Beim ersten Zuhören kommen uns die Verse aus den Galgen-
liedern als Blödsinn vor. Wenn man aber – zum Beispiel angeregt durch die chinesischen Weisheitssprüche, die wir eben

---

[11] Ebenda.
[12] Christian Morgenstern, Gedicht – Verse – Sprüche. Reihe Euro-
buch/Eurobooks. Limasssol 1998, S. 65.

28

hörten – hellhörig geworden ist, nimmt man unverzüglich wahr: Zwischenräume haben es in sich.

Man stelle sich eine Schöpfung oder eine Welt ohne Zwischenräume vor! Alles wäre ein fester und entsprechend schwerer Klumpen. Es wäre eine absolut unwohnliche und unfreundliche Welt – eine Welt ohne Raum für uns und alles andere. Noch einmal: Zwischenräume haben es wirklich in sich. Die Schöpfungsgeschichte in der Bibel stellt Gott ähnlich wie einen Töpfer dar. Der Töpfer formt einen Krug. Und das Entscheidende an diesem Krug ist der Innenraum, der Hohlraum. Der Hohlraum macht den Krug zum Krug.

Es waren vor allem grosse jüdische Gelehrte des Mittelalters, die intensiv über diesen Aspekt der biblischen Schöpfungsgeschichte meditierten.

Ja, die jüdischen Denker gingen noch etwas weiter. Sie dachten über das Thema Schöpfung nach und nahmen dabei wahr: Wenn Gott die Welt erschafft, dann bedeutet das doch ganz grundsätzlich, dass Gott Raum gewährt, und zwar, indem er sich selbst zurücknimmt. Wenn Gott alles allein ausfüllen wollte, wäre eine Schöpfung überhaupt nicht denkbar.

Vielleicht der grösste jüdische Denker und Mystiker war Isaak Luria, der im 16. Jahrhundert in Palästina und Ägypten lebte. (Nebenbei gesagt: Es war die Zeit einer fruchtbaren und friedlichen Symbiose zwischen Judentum und Islam, während in den meisten christlichen Ländern die Juden unterdrückt oder sogar vertrieben wurden. Spanien, Frankreich und grosse Teile Deutschlands waren «judenfrei», wie man leider schon damals sagte.) Nun, dieser Isaak Luria lehrte, dass erst ein Prozess des «Einschrumpfens Gottes», wie er sich ausdrückte, die Existenz des Weltalls möglich machte. Gott gab in seinem Wesen einen Bezirk frei, aus dem er sich zurückzog, eine Art mystischen Urraum. Der erste Akt der Schöpfung – so immer noch Isaak Luria – war nicht ein Schritt «nach aussen», sondern ein Schritt «nach innen», eine – etwas merkwürdig formuliert – «Selbstverschränkung». Gott schafft, indem und weil er sich zurücknimmt. Die Schöpfung ist ein Werk göttlicher Demut und göttlicher Einkehr in sich selbst. Oder, wie ein anderer jüdischer Mystiker es sagte, seine Aktion ist in seiner Passion begründet, sein Tun in seinem Leiden.[13]

Nun, ich kann mir denken, dass jetzt einige mit den Schultern zucken. Kann es der Sinn einer Sonntagspredigt sein, sich in so schwierige spekulative Höhen zu versteigen? Hat das überhaupt noch etwas mit unserem Leben zu tun?

Ich meine, vielleicht doch. Viele Menschen – und zwar ernsthaft denkende Menschen – haben heute Mühe mit dem Schöpfungsglauben – und zwar wegen des Bösen in der Welt. «Wie kommt es, dass Gott – der allmächtige Schöpfer des Himmels und der Erde – Böses zulässt?» Ich denke nun zwar, dass man die Frage des Bösen häufig zunächst einfach einmal stehen lassen muss. Und in erster Priorität müssen wir Menschen selbst gegen das Böse kämpfen. Wir können die Verantwortung für Hungersnöte und Kriege nicht bequem auf Gott abwälzen, solange wir nicht selbst alles dagegen unternehmen, was in unserer Macht steht.

Vielleicht kann der Gedanke dieser «Selbstverschränkung» Gottes uns aber im Zusammenhang mit dem Bösen helfen. Wir können nicht gleichzeitig von Gott verlangen, dass er alle unsere Probleme löst, wenn wir zugleich nur existieren können, weil er sich selbst zurücknimmt.

Der Gedanke des Leidens Gottes ist ein sehr wichtiger Gedanke.

Bei Dietrich Bonhoeffer habe ich einmal den folgenden Satz gefunden, der viel zu denken gibt; an seine Zwillingsschwester Sabine, die mit einem Juden verheiratet war und deshalb nach England fliehen musste, schrieb er:

«Für mich ist der Gedanke, dass Gott selbst leidet, immer eine der überzeugendsten Lehren des Christentums gewesen. Ich denke, dass Gott dem Leiden näher ist als dem Glücklichsein, und Gott im Leiden zu finden, gibt Frieden und Ruhe und ein starkes, mutiges Herz.»[14]

[13] Nach: Jürgen Moltmann, Gott in der Schöpfung. 3. Auflage. München 1987, S. 98ff.
[14] Nach: Sabine Leibholz-Bonhoeffer, vergangen – erlebt – überwunden. Schicksale der Familie Bonhoeffer. Wuppertal 1968, S. 186.

Bonhoeffer dachte hier in erster Linie an Leiden und Tod
Jesu Christi.

Zurück zur Schöpfungsgeschichte im Alten Testament: Gott
beginnt sein eigentliches Schöpfungswerk, indem er sich zurücknimmt und Raum gewährt. Gott nimmt also von allem
Anfang an Leiden auf sich, damit überhaupt etwas existieren
kann, er verzichtet gewissermassen auf einen Teil wenigstens
seiner Allmacht. Das wäre vielleicht doch auch ein Hinweis
zum Problem des Bösen.

Ich schliesse mit einer jüdischen Miniaturgeschichte, die
Martin Buber erzählt:

«Rabbi Baruchs Enkel spielte einst mit einem andern Kna-
ben Verstecken. Er verbarg sich gut und wartete, dass ihn
sein Gefährte suche. Als er lange gewartet hatte, kam er aus
dem Versteck; aber der andere war nirgends zu sehen. Nun
merkte der Enkel, dass sein Gefährte ihn von Anfang an [gar]
nicht gesucht hatte. Darüber musste er weinen, kam wei-
nend in die Stube seines Grossvaters gelaufen und beklagte
sich über den bösen Spielgenossen. Da flossen Rabbi Baruch
die Augen über, und er sagte: ‹So spricht Gott auch: Ich ver-
berge mich, aber keiner will mich suchen.›»[15]

Amen.

RADIOPREDIGT AM 23. JUNI 2002

---

[15] Martin Buber, Die Erzählungen der Chassidim, 1949 by Manesse
Verlag, Zürich, in der Verlagsgruppe Random House GmbH,
München, S. 191

Die gestundete Zeit

Liebe Hörerin, lieber Hörer, nun sind schon 8 Wochen seit dem Seebeben in Südostasien vergangen.[16] Bei mir selbst, aber auch bei anderen merke ich: Die Betroffenheit über das Unglück ist nicht vorbei. Wie man heute weiss, haben 280 000 Menschen das Leben verloren. Ich verneige mich vor den Opfern, aber auch vor ihren Angehörigen. Ich denke an die vielen, oft einfachen Leute, deren Existenzgrundlage ein einziger Moment brutal zerstört hat.

Wie gehen wir als Angehörige einer christlichen Gemeinde mit einer solchen Katastrophe um? Tief beeindruckt hat mich die Rede von Bundespräsident Samuel Schmid bei der Gedenkfeier im Berner Münster. Er zitierte aus dem Buch Hiob im Alten Testament die Stelle, da der von schwerem Leid getroffene Hiob Besuch von seinen Freunden bekommt. Schweigend setzen sie sich neben ihn auf die Erde. Sieben Tage und sieben Nächte lang sagt keiner von ihnen auch nur ein einziges Wort (Hiob 2,13). Sie zeigen einfach ihre tiefe Anteilnahme. Sie haben Hemmungen, das Schweigen zu brechen, wohl weil sie wissen, wie falsch auch gut gemeinte Beileidsbezeugungen in den Ohren der Betroffenen häufig klingen. «Reden ist Silber, Schweigen ist Gold», ist eine Lebensweisheit, die es auf den Punkt bringt. Die Fortsetzung der Hiobgeschichte zeigt dann auch, wie kontraproduktiv oft ein zwar gut gemeinter, aber verkehrter Trost ist.

Da ich von Beruf Pfarrer bin, muss ich das auch mir selbst sagen: Lieber gar nichts sagen als in einer falschen Weise trösten! Lieber, die Betroffenen einfach spüren lassen: Ich bin mit

---

[16] Gemeint ist das Ereignis vom 26. Dezember 2004: Durch ein Seebeben im Indischen Ozean (3° 33' Nord, 95° 8' Ost) vor der Insel Sumatra, das eine Magnitude um 9,3 auf der Richterskala hatte – das drittstärkste je gemessene Beben –, ereignete sich eine der bisher schlimmsten Tsunamikatastrophen der Geschichte. Mindestens 231 000 Menschen (Stand: Dezember 2005) in 8 asiatischen Ländern (Indonesien/Sumatra, Sri Lanka, Indien, Thailand, Myanmar, Malediven, Malaysia und Bangladesch) wurden getötet. Die Flutwelle drang auch mehrere tausend Kilometer bis nach Ost- und Südostafrika vor; weitere Opfer wurden aus Somalia, Tansania, Kenia, Südafrika, Madagaskar und von den Seychellen gemeldet.

ihnen solidarisch; was sie getroffen hat, hätte auch mir begegnen können. Schweigend jemandem die Hand drücken sagt oft mehr als die klügste Predigt.

Noch etwas anderes: Vor wenigen Wochen war ich zu Besuch bei der Familie eines meiner Söhne in New York. Sie lebt in einem vergleichsweise einfachen Quartier. Die Bevölkerungsmehrheit spricht dort Spanisch. Viele sind aus der Karibik eingewandert, um im – jedenfalls von aussen gesehen – reichen New York ihr Glück zu suchen. Die meisten sind katholisch, weshalb die katholische Kirche eine wichtige Rolle spielt.

Als ich an der katholischen Kirche dort vorbeiging, fiel mir auf, dass in ihrem Garten ein grosses Kreuz steht, das aus rostigen und verkrümmten Eisenbalken zusammengeschweisst ist. Und daneben gibt es Steinplatten, 16 Stück an der Zahl. Auf diesen stehen die Namen von Feuerwehrmännern, die am 11. September 2001 im World Trade Center den Tod fanden. Sie taten ihre Pflicht und wollten helfen. Ihre Leichen wurden nicht mehr gefunden. Sie wohnten in diesem Quartier. Die katholische Kirche hat eine schlichte Gedenkstätte eingerichtet. Man soll die zumeist spanischen Namen dieser Feuerwehrmänner nicht vergessen. Ihre Angehörigen und Freunde können an dieser Stelle beten.

Diese Gedenkstätte hat mich tief berührt. «Wie gehen wir als Angehörige einer christlichen Gemeinde mit einer Katastrophe um?», habe ich vorhin gefragt – mit der Tsunami-Katastrophe oder eben auch mit dem 11. September 2001 oder mit anderen Ereignissen. Das Verhalten dieser katholischen Gemeinde dünkt mich vorbildlich. Die Toten sollen nicht vergessen werden. Wenn sie schon keine Grabstätte haben, soll man wenigstens ihre Namen lesen können. Die Erinnerung soll bleiben. Man muss nicht immer tapfer sein. Sondern man darf an dieser Stelle klagen.

Und das Kreuz aus den rostigen und krummen Eisenbalken (es sind Trümmer vom World Trade Center) weist darauf hin, dass gemäss dem Bekenntnis des christlichen Glaubens Gott selbst nicht einfach irgendwo weit weg über den Sternen thront, sondern dass er am Leiden Anteil nimmt, indem er selbst in die Not hineingeht. «Und das Wort [...] wurde Fleisch und wohnte unter uns.» (Joh 1,14) «Denn so hat Gott die Welt geliebt, dass er den einzigen Sohn gab.» (Joh 3,16) «Er erniedrigte sich und wurde gehorsam bis zum Tod, bis zum Tod am Kreuz.» (Phil 2,8) Sätze aus der Bibel.

Gott, so wie der christliche Glaube ihn bekennt, ist nicht nur in guten und glücklichen Stunden bei uns (das selbstverständlich auch), sondern auch dort, wo es dunkel wird um uns herum und wo wir nicht mehr weiter wissen. Ich denke, es ist ganz wichtig, dass im Garten jener Kirche in New York dieses grosse, rostige und verkrümmte Kreuz steht.

Liebe Hörerin, lieber Hörer, obwohl mir bewusst ist, dass man vor Unglück und Leiden oft lieber schweigen würde, weil es wenig braucht, dass man die falschen und vielleicht sogar verletzende Worte wählt, möchte ich jetzt aber doch noch ein wenig weiter nachdenken. Wenn etwas Schreckliches geschieht, wird oft auch die Frage gestellt, warum das denn so geschehen sei. Und es werden dann auch Antwortversuche laut. Vor allem früher hat man oft von der Strafe Gottes gesprochen beziehungsweise vom Gericht. Aber gerade bei grossen Katastrophen merken wir ja schnell, wie unbefriedigend solche Antwortversuche sind.

Warum wurden die einen von der Flutwelle überrollt und die anderen nicht? Warum hatten diese Feuerwehrmänner zur Zeit des Unglücks gerade Dienst, während andere einen arbeitsfreien Tag hatten?

Man spürt schnell: Die Antwort, die vom Unglück Betroffenen hätten es eben verdient, ist nicht überzeugend. Warum geht es zum Beispiel mir heute Morgen gut, während andere traurig sind oder Schmerzen haben? Von mir selbst kann und will ich doch nicht behaupten, mein relatives Glück hänge damit zusammen, dass ich ein besserer Mensch sei. Ich weiss zu genau, dass vieles an mir nicht so ist, wie es sein sollte.

Nun, in der Bibel gibt es einen kleinen Abschnitt, in dem Jesus selbst genau mit dieser Frage konfrontiert wird. Das Lukasevangelium, Kapitel 13, erwähnt zwei schlimme Ereignisse: Pilger aus Galiläa, der Heimat Jesu, wurden im Tempel von

Jerusalem auf Befehl des römischen Statthalters Pontius Pilatus niedergemetzelt. Pilatus fürchtete offenbar einen Aufstand, weshalb er, wie die Bibel sagt, das Blut der Pilger mit demjenigen der geopferten Tiere vermischte. Und ein anderer Vorfall: Ein – wohl neu gebauter – Turm beim Teich von Schiloach in Jerusalem stürzte ein und begrub achtzehn Menschen unter seinen Trümmern. Warum lässt Gott das zu? Die Frage lag in der Luft. Man trug sie Jesus vor. Musste man vielleicht annehmen, dass die niedergemetzelten Pilger und die vom Turm von Schiloach Erschlagenen eine Strafe verdienten? Waren sie besonders schlimme Sünder?

Ich will den schwierigen und in der Sprache einer ganz anderen Zeit und Kultur abgefassten Text jetzt nicht wörtlich vorlesen. Wenn ich die Antwort Jesu recht verstehe, geht es darum, dass er sagt: Fragt nicht nach dem Warum der Katastrophe, theoretisiert darüber nicht, sondern lasst euch selbst bewegen und erschüttern! Wenn wir ehrlich sein wollen und sorgfältig denken, müssen wir ohnehin zugeben, dass die Warum-Frage für uns begrenzte Menschen unbeantwortbar ist. Man nimmt den Mund zu voll, wenn man es versucht. Ein Unglück wie das der galiläischen Pilger oder der vom Turm von Schiloach Begrabenen oder auch der Tsunami-Opfer und derjenigen im World Trade Center erschüttert uns jedoch, und durch die Erschütterung macht es uns bewusst, wie kostbar das Leben ist und dass jeder Tag, jede Stunde und jede Minute ein Geschenk ist. Dass wir – Sie und ich – heute Morgen leben und eine Predigt hören oder halten können, ist nicht selbstverständlich. Es könnte genau so gut anders sein. Wir könnten die Opfer einer Katastrophe geworden sein, während andere davongekommen wären.

Wenn man sich das bewusst macht, wird man demütig, und man wird auch dankbar. Und wir gehen dann behutsamer – andächtiger – mit der uns anvertrauten Zeit um.

Wissen Sie, was das Tätigkeitswort «stunden» heisst? Wenn ich jemandem Geld schuldig bin, bedeutet «stunden»: Die Zahlungsfrist wird verlängert. Eben, eine Schuld wird «gestundet».

Die österreichische Dichterin Ingeborg Bachmann gab im Jahr 1953 einen Gedichtband mit dem Titel «Die gestundete Zeit» heraus.[17] Die «gestundete» Zeit! Die wunderschöne und tiefsinnige Formulierung drückt das eben Ausgeführte sehr präzis aus.

Unsere Zeit ist «gestundet». Das will sagen: Es ist uns noch einmal eine Frist gesetzt. Anders als die Menschen, die im Tsunami oder am 11. September 2001 oder an einem andern Datum umgekommen sind, dürfen wir bis auf weiteres am Leben bleiben, uns des Lebens sogar freuen. Es kommt deshalb darauf an, die «gestundete» Zeit so sinnvoll wie möglich zu gebrauchen. Sie ist ein kostbares Geschenk, das wir hochhalten und zu dem wir Sorge tragen müssen; um es mit einem Bild zu sagen: Wir gehen mit der uns geschenkten Zeit um, wie wenn man einen kostbaren und alten Wein ganz langsam trinkt und nicht einfach so schnell wie möglich hinunterstürzt.

Liebe Hörerin, lieber Hörer, damit wird das namenlose Leid der Tsunami- und anderer Katastrophenopfer natürlich nicht rückgängig gemacht. Und doch kann es bei uns eine neue, eine verheissungsvolle Haltung provozieren. Die «gestundete» Zeit ist ein Geschenk und eine Chance. Amen.

RADIOPREDIGT AM 20. FEBRUAR 2005 –
VGL. LUKAS 13,1–5

---

[17] Ingeborg Bachmann, Die gestundete Zeit. Frankfurt a. M. 1953.

Es hat dem Herrn über Leben und Tod gefallen

*Keiner von uns lebt für sich selbst, und keiner stirbt für
sich selbst. Leben wir, so leben wir dem Herrn, sterben
wir, so sterben wir dem Herrn. Ob wir nun leben oder
sterben, wir gehören dem Herrn. Denn dazu ist Christus
gestorben und wieder lebendig geworden: dass er Herr
sei über Tote und Lebende. (Röm 14,7–9)*

Der November ist der Monat der Vergänglichkeit. Nachdem
die Blätter sich verfärbt haben – sie sind nicht mehr grün, sondern gelb bis rostbraun –, fielen sie auf den Boden. Korb- und
haufenweise hat man sie entsorgt. Die Tage sind spürbar kür-
zer geworden. Mit der Sommerzeit und den langen Abenden
auf dem Gartensitzplatz oder auf dem Balkon ist es vorbei.
Kälter, nebliger, feuchter ist es. Es ist sicher kein Zufall, dass
man in unserem Kulturkreis in dieser Jahreszeit der Verstorbenen gedenkt. Die Katholiken feiern an Allerheiligen und
Allerseelen. In den evangelischen Kirchen wird der Ewig-
keitssonntag zwar erst Ende November begangen. Aber auch
Protestanten schmücken die Gräber ihrer Angehörigen schon
auf Allerseelen – so festlich wie möglich mit dunkelroter Eri-
ka und goldenem Chrysanthemum. Und wenn man so vor
einem Grab auf dem Friedhof steht, denkt man unwillkürlich
darüber nach, dass auch die eigene Lebenszeit begrenzt ist.
«Bedenke, dass der Tod nicht verzieht.» (Sir 14,12[18]) «Bedenke, wir alle müssen dahin.» (Sir 8,7[19]) «Bei all deinem Tun
bedenke das Ende.» (Sir 7,36[20]) «Zeit zum Gebären und Zeit
zum Sterben, Zeit zum Pflanzen und Zeit zum Ausreissen des
Gepflanzten [...].» (Koh 3,2) Zitate aus der Bibel.

Auch mir geht es so, dass mir meine Vergänglichkeit in
gewissen Momenten stark bewusst wird. In anderthalb
Jahren werde ich pensioniert. Aber, ich will jetzt nicht Trüb-
sal blasen. Das Älterwerden hat auch positive Seiten. Man

---

[18] Zürcher Bibel von 1931.
[19] Ebenda.
[20] Ebenda.

wird hoffentlich ein bisschen weiser. Man vermag vieles differenzierter zu überdenken. Ich nehme das auch im Zusammenhang mit dem Pfarramt wahr. Vor vierzig Jahren habe ich gemäss alter Tradition eine Abdankung immer mit den Worten angefangen: «Es hat dem Herrn über Leben und Tod gefallen, aus dieser Zeit in die Ewigkeit abzuberufen [...].» Ich nahm an, es müsse so sein, und hatte es so gelernt. In einer späteren Phase meiner Berufstätigkeit – und natürlich auch meines persönlichen Lebens – wurde die alte Wendung immer problematischer für mich. Nehme ich als Pfarrer den Mund nicht zu voll? Weiss ich wirklich und kann ich verbindlich sagen, was Gott gefällt und was ihm nicht gefällt? Bin ich so sicher, dass sich der alte Satz in sämtlichen Fällen eignet?

Der Berner Pfarrer und Schriftsteller Kurt Marti hat seinerzeit diese Bedenken auf den Punkt gebracht:

«dem herrn unserem gott
hat es ganz und gar nicht gefallen
dass gustav e. lips
durch einen verkehrsunfall starb

erstens war er zu jung
zweitens seiner frau ein zärtlicher mann
drittens zwei kindern ein lustiger vater
viertens den freunden ein guter freund
fünftens erfüllt von vielen ideen

was soll jetzt ohne ihn werden?
was ist seine frau ohne ihn?
wer spielt mit den kindern?
wer ersetzt einen freund?
wer hat die neuen ideen?

dem herrn unserem gott
hat es ganz und gar nicht gefallen
dass einige von euch dachten
es habe ihm solches gefallen

im namen dessen der tote erweckte
im namen des toten der auferstand
wir protestieren gegen den tod von gustav e. lips»[21]

Der Text ruft alle auf, wenn sie von Gott reden, sorgfältiger
zu denken und nicht religiöse Aussagen zu machen, die auch
von der Bibel her nicht unbedingt gedeckt sind.

Heute pflege ich Abdankungsgottesdienste nicht mehr mit der
alten Formel zu beginnen. In den letzten Jahren hat sich mir
aber die Frage gestellt, ob der Satz «Es hat dem Herrn über
Leben und Tod gefallen, aus dieser Zeit in die Ewigkeit abzuberufen [...]», *recht* verstanden, nicht trotzdem etwas Richtiges
und Wichtiges mindestens *gemeint* hat. Wenn man überhaupt
an Gott glaubt, wenn man ernst nimmt – oder mindestens
ernst zu nehmen versucht –, was das auf den ersten Blick so un-
scheinbare Wörtlein «Gott» für einen Inhalt hat, *kann* man
sich dann zufrieden geben mit: Es gibt allenfalls einen Gott,
der für das Positive und Schöne in unserer Erfahrungswelt
zuständig ist; es gibt aber einen anderen Lebensbereich, den
Bereich der Krankheit und des Todes, den Bereich, der dunkel ist, der offenbar nichts mit Gott zu tun hat? Was wäre das
für ein Gott, der nur für die Sonnenseiten des Lebens zuständig wäre?

Gott sei die «alles bestimmende Wirklichkeit», sagte seinerzeit der grosse evangelische Theologe Rudolf Bultmann.[22]
Oder der mittelalterliche Denker Anselm von Canterbury formulierte es einmal so: Gott sei der, über den hinaus «nichts
Grösseres gedacht werden kann».[23] Wenn wir uns und die Welt
mit religiösen Augen betrachten und wenn wir es wagen,
einen religiösen Lebensentwurf zu gestalten, dann muss es
doch eigentlich selbstverständlich sein: *Entweder* Gott exis-
tiert. Und dann steht er mit *allem*, auch mit Krankheit und
Tod, auch mit Unglück und Elend, in einer Beziehung – für

---

[21] Kurt Marti, Namenszug mit Mond. Gedichte © 1996 Nagel & Kimche
im Carl Hanser Verlag München.
[22] Rudolf Bultmann, Glauben und Verstehen I. Tübingen 1933, S. 26.
[23] Anselm von Canterbury, Proslogion, Kapitel 2.

uns leider meistens nicht durchschaubar. *Oder* Gott ist eben nur für das Angenehme zuständig. Dann ist er aber ein recht kümmerlicher Gott, ein Gott, der diesen Namen, streng genommen, gar nicht verdient.

Mein theologischer Lehrer in Zürich, Gerhard Ebeling, drückte sich einmal folgendermassen aus: «Gott wäre nicht Gott, wenn er nicht in allem verborgen wirksam wäre.»[24] Gott hat darum in einer verborgenen Weise auch mit dem Bösen und dem Tod zu tun. Vielleicht kann man es etwas kühn so zu sagen versuchen: Auch das Dunkle und sogar der Tod sind Masken von Gottes Liebe – für uns freilich ein Geheimnis.

In aller Bescheidenheit versuche ich deshalb heute anlässlich von Beerdigungsgottesdiensten zwar nicht wieder zu sagen, dass es Gott «gefallen» habe, den Verstorbenen oder die Verstorbene «aus dieser Zeit in die Ewigkeit abzuberufen». Das Wort «gefallen» passt hier nicht, weil es zu sehr nach Willkür riecht. Ich versuche aber, darauf hinzuweisen, worauf diese Redewendung früher wohl in einem tieferen Sinn hingezielt hat: Gott – und zwar der liebende Gott! – steht in einer für uns unergründlichen Weise nicht nur mit dem Erfreulichen, sondern auch mit dem Negativen und Schwierigen in Verbindung. Für jemanden, der wirklich zu glauben versucht, muss das doch so sein. Glauben bedeutet in diesem Fall: Ich vertraue darauf, dass auch Krankheit und am Ende der Tod einen Menschen nicht aus der liebenden Hand Gottes herausreissen kann. Glauben heisst, dass ich die Hand Gottes auch mitten in der Dunkelheit ergreife beziehungsweise mich von Gottes Hand ergreifen und führen lasse und angesichts von Krankheit, Tod und Leid gegen alles, was dagegen zu sprechen scheint, «Trotzdem!» sage. Gott im Sinne des christlichen Glaubens umfasst und trägt doch das Ganze – wenn er wirklich Gott ist.

Ich schliesse mit einem berühmten Zitat aus dem Römerbrief des Apostels Paulus:

---

[24] Gerhard Ebeling, Dogmatik des christlichen Glaubens III. Tübingen 1979, S. 488.

«Keiner von uns lebt für sich selbst, und keiner stirbt für sich selbst. Leben wir, so leben wir dem Herrn, sterben wir, so sterben wir dem Herrn. Ob wir nun leben oder sterben, wir gehören dem Herrn. Denn dazu ist Christus gestorben und wieder lebendig geworden: dass er Herr sei über Tote und Lebende.» (Röm 14,7–9) Amen.

RADIOPREDIGT AM 17. NOVEMBER 2002

Baschi oder «Wenn das Gott wüsst»

Nie werde ich wieder die Erde verachten um des Men-
schen willen. Denn das Trachten des Menschenherzens
ist [ja doch] böse von Jugend an. Und nie werde ich wie-
der schlagen, was da lebt, wie ich getan habe. Solange
die Erde währt, sollen nicht aufhören Saat und Ernte,
Frost und Hitze, Sommer und Winter, Tag und Nacht.
Und Gott segnete Noah und seine Söhne [...].
(Gen 8,21–9,1)

Liebe Gemeinde, sagt Ihnen der Name Baschi etwas? Wenn
nicht, fragen Sie Ihre Enkel oder die Kinder Ihrer Nachbarn!
Auch ich kann Sie informieren. Baschi, mit vollem Namen
Sebastian Bürgin, geboren am 6. September 1986, aufge-
wachsen im Kanton Baselland, ist ein Popsänger. Als gut
Siebzehnjähriger war er Teilnehmer an der Fernsehshow «Mu-
sic-Star». Anders als den andern Kandidaten gelang ihm da-
nach der Durchbruch. Im Sommer 2006 gewann er mit einem
Song zur Fussballweltmeisterschaft den ersten Platz in der
Hitparade.

Aber warum erzähle ich von ihm? Seit einigen Wochen er-
regt Baschi mit seinem neuen Hit «Wenn das Gott wüsst» eine
hitzige Diskussion. Viele (wenn auch nicht alle) jungen Leute
finden den Song «cool». Vor allem – wie sie sich selbst verstehen – «gläubige» Christen stossen sich aber daran.

Worum geht es in diesem Lied? Der junge Mann singt
von seinen erotischen Phantasien und davon, dass er gern Ma-
rihuana rauchen würde. Und jetzt der springende Punkt: Baschi stellt sich vor, wenn Gott davon wüsste, würde er vor
Schreck vom Himmel auf die Erde fallen und Baschi brutal
bestrafen. Ja, Gott – immer noch: wenn er davon wüsste –
würde sich an der ganzen Menschheit rächen. Beinahe treu-
herzig richtet sich der Sänger in der letzten Strophe an Gott
persönlich:

«Herrgott, es tuet mer leid, es isch halt eifach so:
Mir beidi wüssed, i wird nie zu Dir in Himmel cho.
Ich hoffe, Du und ich, mir chönne Fründe sii.
Heb nur Muet, es si nöd alli so schlimm wie i.»[25]

Dieser Song ist in der Tat ein Predigtthema!

Liebe Gemeinde, ich denke nicht, dass man den Gott des christlichen Glaubens mit einem solchen Lied beleidigen kann. So wie ich Gott zu verstehen glaube, ist er wesentlich grosszügiger und geduldiger als einige von seinem «Bodenpersonal». Über erotische Phantasien jüngerer und auch älterer Männer (und Frauen) wird er sich kaum aufregen. Baschi und seinesgleichen möchte ich empfehlen, einmal die Bibel in die Hand zu nehmen (die seit der Konfirmation vielerorts wohl halb oder ganz verstaubt in einer Ecke liegt) und dort das Hohelied zu lesen:

«Du bist so schön, meine Freundin!
Du bist so schön! [...]
Deine beiden Brüste sind wie zwei Kitze,
Zwillinge einer Gazelle,
die in den Lotosblumen weiden.
Bis der Tagwind weht
und die Schatten fliehen,
will ich zum Myrrhenberg gehen
und zum Weihrauchhügel.
Alles an dir ist schön, meine Freundin [...].» (Hld 4,1–7)

«Leg mich auf dein Herz wie ein Siegel,
wie ein Siegel an deinen Arm!
Denn stark wie der Tod ist die Liebe,
hart wie das Totenreich die Leidenschaft.
Feuerglut ist ihre Glut,
Flamme des Herrn.
Gewaltige Wasser können

---

[25] Text nach: http://www.blick.ch/sonntagsblick/sounds/artikel59935

die Liebe nicht löschen,
und Ströme schwemmen sie nicht fort.» (Hld 8,6–7)

Nein, der biblische Gott hat nichts gegen Erotik! Er lädt uns allerdings dazu ein, verantwortlich und behutsam mit der Partnerin oder dem Partner umzugehen, weil eine Liebe, bei der man sich gegenseitig respektiert, schöner und erfüllender ist als ein nur oberflächlicher und flüchtiger Kontakt.

Liebe Gemeinde, was mich an Baschi beschäftigt, ist das Gottesbild in seinem Lied. Als Männer und Frauen, denen die Kirche und der christliche Glaube am Herzen liegt (wir wären heute Morgen sonst nicht hier), müssen wir uns der Frage stellen: Was läuft in der religiösen Erziehung falsch, dass junge Menschen offenbar meinen, dass man wegen erotischer Phantasien nicht in den Himmel kommen könne?

Nachdem der neue Song Baschis ein grosses Aufsehen erregte, wurde der Sänger von der Zeitung «20 Minuten» interviewt. Er versuchte zu beschwichtigen: «Ich bin nicht so krass wie im Song, das ist sehr überspitzt formuliert.» «Bist du gläubig?», fragte der Journalist. «Nicht in dem Sinn, dass ich oft in die Kirche gehe oder Tischgebete mache. Aber ich glaube, dass da mehr ist als einfach nur wir Menschen.» Der Journalist fragte weiter: «Hat denn Gott etwas gegen das, was du im Song willst – sprich: Sex und Drogen?» Baschi antwortete: «Gott hat sicher etwas gegen freie Liebe und gegen Drogenpartys. Da bin ich sicher.»[26]

Liebe Gemeinde, was sage ich als Pfarrer dazu? Nun, natürlich nicht das Gegenteil. Ich will nicht freie Liebe und Drogenpartys empfehlen. Problematisch und das Resultat einer unzureichenden religiösen Erziehung erscheinen mir jedoch zwei Aspekte: Erstens, es ist zwar ohne Zweifel richtig und wichtig, dass die Ethik in der Bibel auch Grenzen setzt. Denken wir an die Zehn Gebote: «Ehre deinen Vater und deine Mutter [...]. Du sollst nicht töten. Du sollst nicht ehebrechen. Du sollst nicht stehlen [...].» (Ex 20,12–15) Der Sinn

---

[26] http://www.20min.ch/unterhaltung/sounds/story/11750930

dieser und anderer Gebote ist aber nicht der, dass sie unsere Lebensfreude hemmen sollen. Sondern im Gegenteil, sie wollen Wegweiser zu einem gelingenden Leben sein und zu einer nachhaltigeren Lebensfreude verhelfen. Ganz wichtig dünkt mich bei allen Geboten in der Bibel auch ihr weiter Horizont. Es geht kaum je nur um eine individualistische Moral, sondern um eine menschenwürdige Gesellschaft. Ich vermute, dieser Sänger Baschi, so grosssprecherisch und verwegen sein Song klingt, hat, genau genommen, eine eher spiessbürgerliche Moral, gegen die er sich jetzt auflehnt. Durch die Bibel weht ein grosszügigerer Atem. Die biblische Ethik ist nicht ängstlich und kleinkariert. Ihre grossen Themen heissen: Gerechtigkeit, Frieden, Liebe.

Aber jetzt noch der folgende Aspekt: Es ist zwar richtig und kann nicht in Abrede gestellt werden, dass in der Bibel manchmal auch von einem zornigen und strafenden Gott die Rede ist. Nach meinem Verständnis hat diese dunkle Seite des biblischen Gottesbildes die Aufgabe, uns nicht leichtfertig werden zu lassen. Das ist wichtig, aber nur die eine Seite der Medaille. Wesentlicher ist die andere Seite: Gott ist liebevoll, barmherzig und geduldig.

Ich denke an die Geschichte von der Arche Noah im Alten Testament. Zunächst erzählt sie ja in der Tat von einem Gott, der so tief enttäuscht von den Menschen ist, dass er sich dazu entschliesst, die ganze Welt – exakt wie Baschi es in seinem Lied darstellt – buchstäblich zu versenken. Aber der Gott der Geschichte von der Sintflut ist dann dennoch anders. Seine Liebe gegenüber seiner Schöpfung ist zu gross. Er bringt es nicht übers Herz, sie gänzlich zu vernichten. Er rettet Noah und seine Familie mitsamt den vielen Tieren.

Wenn ich die Sintflutgeschichte in der Bibel durchlese, stelle ich fest, dass Gott sich in ihrem Verlauf verändert: Am Anfang reut es ihn, dass er die Welt – und vor allem natürlich die Menschen – geschaffen hat. Doch am Schluss findet er sich mit uns Menschen mit all unseren fragwürdigen Seiten ab:

«Nie werde ich wieder die Erde verachten um des Menschen willen. Denn das Trachten des Menschenherzens ist [ja doch] böse von Jugend an. Und nie werde ich wieder schlagen, was da lebt, wie ich getan habe. Solange die Erde währt, sollen nicht aufhören Saat und Ernte, Frost und Hitze, Sommer und Winter, Tag und Nacht. Und Gott segnete Noah und seine Söhne [...].» (Gen 8,21–9,1)

Eine zweite Flut will Gott nicht über die Erde kommen lassen. Wunderbar ist das Symbol des Regenbogens: Gott schliesst mit der so schwierigen, ihn immer wieder enttäuschenden Menschheit einen Bund. Und wir wissen, wie es in der Bibel weitergeht: Immer neu bietet Gott seinen rebellischen Menschen die Hand zum Frieden an. Er wählt Abraham und Sara und viele andere biblische Gestalten. Und am Ende – im Neuen Testament – wird Gott selbst in Jesus Christus Mensch.

Im Lied des Sängers Baschi fällt Gott vor lauter Schreck vom Himmel auf die Erde, als er von seinen Phantasien erfährt. Im Neuen Testament steigt Gott in Jesus Christus ruhig und völlig freiwillig herab:

«Denn so hat Gott die Welt geliebt, dass er den einzigen Sohn gab.» (Joh 3,16)

«Und das Wort [...] wurde Fleisch und wohnte unter uns.» (Joh 1,14)

«Dessen Los ein göttliches war,
der aber nichts darauf hielt,
Gott gleich zu sein.
Sondern er gab sich hin,
nahm auf sich das Los eines Knechts,
erschien den Menschen gleich.
Er trat auf als ein Mensch,

erniedrigte sich selbst,
gehorsam bis zum Tod (zum Tod am Kreuz).»
(Phil 2,6–8[27])

Wenn ich an den Sänger Baschi denke, steigt in mir die Frage
auf: Haben die für seine religiöse Erziehung Verantwortlichen
ihm nichts von diesen zentralen Aussagen der Bibel mit auf
den Lebensweg gegeben? Wie ist es gekommen, dass er nur
von einer spiessbürgerlichen Moral und einem unbarmherzig
strafenden Gott etwas zu wissen scheint und sich dann – eher
unbeholfen – mit provozierenden Worten dagegen auflehnen
zu müssen meint?

Als christliche Gemeinde haben wir hier gegenüber unserer
jungen Generation einen grossen Auftrag. Es geht darum, vom
biblischen Gott zu erzählen. Amen.

PREDIGT IM FRÜHSOMMER 2007

---

[27] Übersetzung von F. J.

SCHÖPFUNG

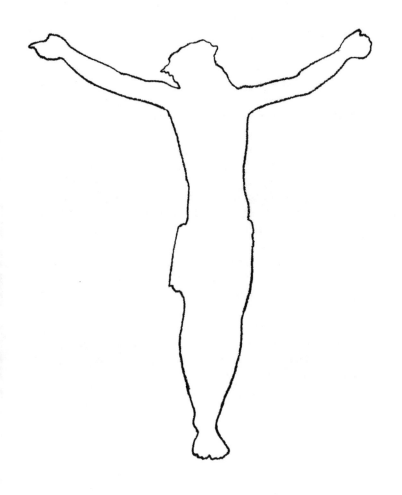

Die Frau aus der Rippe

Da liess der HERR, Gott, einen Tiefschlaf auf den Menschen
fallen, und dieser schlief ein. Und er nahm eine von seinen
Rippen heraus und schloss die Stelle mit Fleisch. Und der
HERR, Gott, machte aus der Rippe, die er vom Menschen
genommen hatte, eine Frau und führte sie dem Menschen
zu. (Gen 2,21f.)

Liebe Gemeinde! Zuerst will ich Ihnen erzählen, was mich in
den letzten Wochen vor allem beschäftigt hat: In Winterthur-
Veltheim gibt es die Gruppe «55 plus», einen Kreis von jüngeren
Seniorinnen und Senioren, die immer im Winter Bildungs-
nachmittage über ein theologisches Thema veranstalten.
Schon zum vierten Mal wurde ich eingeladen, einen ganzen
Zyklus zu bestreiten. Die Anlässe sind hoch erfreulich besucht;
für mich ein bemerkenswertes Beispiel dafür, dass das theologische Interesse in unserer Bevölkerung grösser ist, als man
häufig annimmt. Viele möchten nicht nur einfach blind glauben, sondern über den Glauben – und natürlich auch über ihre
Zweifel – nachdenken, besser verstehen, was und warum sie
glauben, was die grossen alten Wörter wie Glaube, Gott,
Schöpfung, Erlösung usw. heissen. Man möchte sich selbst Rechenschaft ablegen, und man möchte auch andern gegenüber
Rechenschaft geben können. Z.B. und besonders Grosseltern
erfahren, dass sie an diesem Punkt eine Verpflichtung haben.
«Grossvater oder Grossmutter, wie ist das mit Gott?» Ist es
nicht eine Herausforderung, wenn man von einem Enkel oder
einer Enkelin so gefragt wird?

In Winterthur-Veltheim geht es in diesem Winter um das Thema «Schöpfung und Evolution». Die Fragestellung beschäftigt viele Menschen. Nachdem es während einiger Zeit ruhi-
ger in dieser Hinsicht war, macht neuerdings wieder der vor
allem aus Amerika stammende Fundamentalismus von sich
reden. Man müsse wortwörtlich glauben, was in der Bibel
steht, sonst sei man kein richtiger Christ. Der Fundamentalismus im engeren Sinn dieses Wortes entstand gegen Ende des

19. Jahrhunderts in Amerika als Reaktion auf neue naturwissenschaftliche Entdeckungen (besonders auf den Darwinismus), die viele verwirrten. In Amerika ging damals überhaupt eine grosse Verunsicherung durch das Land. Innert nur vierzig Jahren waren vierzig Millionen Einwanderer hereingeströmt. Vieles geriet ins Wanken. Dazu kam die industrielle Revolution, durch die ein Teil der unteren Schichten ans Fliessband gezwungen wurde. Viele waren frustriert und sehnten sich danach, dass wenigstens die Religion in einer sich wandelnden Welt ein unwandelbarer und sicherer Hort sei. Deshalb wollten sie wortwörtlich an die Bibel glauben.

Ein gutes Beispiel ist die Geschichte von Adam und Eva im Paradies (Gen 2). Für mich persönlich ist es ein wunderschöner Text. Wenn man ihn aber buchstäblich-wörtlich nimmt, werden – so empfinde jedenfalls ich es – sein Reiz und seine Poesie zerstört. Angesichts der Ergebnisse der Paläontologie lässt sich schwer aufrechterhalten, dass der Mensch von Gott *vor* den Tieren geschaffen worden sein soll – beziehungsweise die Reihenfolge: zuerst der Mensch, dann die Tiere und zuletzt die Frau aus der Rippe des Menschen. Wer das buchstäblich-wörtlich glauben will, muss den Kontakt mit der heutigen Wissenschaft abbrechen und sich in eine geistige Isolation zurückziehen.

Umgekehrt, wenn ich diese so überaus reizvolle und tiefsinnige Geschichte als Symbolgeschichte lese, kann ich Entdeckungen darin machen. Ich kann mich mit ihren Bildern auch meditativ auseinandersetzen. Sie hilft mir, mich selbst besser zu verstehen. Sie erzählt von Gott und von mir – beziehungsweise von Ihnen allen und mir: Was ist das, der Mensch? Nun, ich kann die Geschichte in einer einzigen Predigt unmöglich ganz auslegen. Ich greife aber einige Bilder heraus, die mich seit langem anregen und bereichern.

Besonders mit der – wenn ich so sagen darf – ersten Szene steht es so. Gott formt den Menschen aus feuchter Ackererde und haucht ihm den Lebensodem in die Nase. Es ist eine ungemein zärtliche und liebevolle Szene. Gott als grosser Künstler, der mit seinen sensiblen Händen eine Plastik gestaltet, die dann aber erst zu leben beginnt, wenn sie auch beseelt ist. Der Mensch ist danach einerseits durchaus ein Stück der materiellen Welt. Wie alles andere ist er aus Atomen und Molekülen zusammengesetzt. Zugleich ist aber konstitutiv für ihn, dass er in einer Gottesbeziehung steht, ob er darum weiss oder nicht.

Ich zitiere aus Psalm 104, dem grossen Schöpfungspsalm:

«Sie alle warten auf dich,
    dass du ihnen Speise gibst zur rechten Zeit.
Gibst du ihnen, so sammeln sie ein,
    tust du deine Hand auf, so werden sie satt von Gutem.
Verbirgst du dein Angesicht, erschrecken sie,
    nimmst du ihren Atem weg, kommen sie um
    und werden wieder zu Staub.
Sendest du deinen Atem aus, werden sie erschaffen,
    und du erneuerst das Angesicht der Erde.» (Ps 104,27–30)

Die Verse sagen in anderen Worten dasselbe wie die so bildhafte Geschichte in Gen 2. Wenn Gott nicht wäre, fiele die ganze Schöpfung – und so auch der Mensch – wie ein Kartenhaus in sich zusammen. Schöpfung im tief theologischen Sinn ist nicht ein Ereignis, das weit zurückliegt, sondern ein immerwährender Prozess. Es ist nur nötig, sorgfältig zwischen der naturwissenschaftlichen Perspektive und derjenigen des Glaubens zu unterscheiden. Die Naturwissenschaften sehen die Aussenseite der Schöpfung, während der Glaube die für unsere gewöhnlichen Augen verborgene Innenseite sieht, die Tiefendimension. Naturwissenschaft und Glaube können darum, recht verstanden, nicht Streit miteinander bekommen, solange sie sich je ihrer besonderen Sicht bewusst sind.

Gerne zitiere ich aus einem Brief des fast 79-jährigen Karl Barth (des bedeutenden protestantischen Theologen) aus dem Jahr 1965; eine von Barths Grossnichten besuchte das Lehrerinnenseminar und hatte offenbar Mühe, was sie im Biologieunterricht lernte, in Einklang mit dem Glauben zu bringen. Barth schreibt:

«Hat euch im Seminar niemand darüber aufgeklärt, dass man die biblische Schöpfungsgeschichte und eine naturwissenschaftliche Theorie wie die Abstammungslehre so wenig miteinander vergleichen kann wie, sagen wir: eine Orgel mit einem Staubsauger! – dass also von ‹Einklang› ebenso wenig die Rede sein kann wie von Widerspruch?»[28]

Es ist erfrischend, wie Barth mit seiner Nichte umgeht. Weiter sagt Barth, in der Naturwissenschaft beschäftige man sich mit dem, was schon vorhanden ist, während der Glaube den geheimnisvollen Vorgang des eigentlichen Werdens anspreche – den Sprung vom Nichts zum Dasein. Die Abstammungslehre sei eine wissenschaftliche Theorie, die Schöpfungstexte der Bibel seien im Gegensatz dazu ein Zeugnis des Glaubens.

Gerne würde ich die weiteren Szenen von Gen 2 eine nach der andern gleich behutsam meditieren: den herrlichen Garten als Bild für die ganze Welt, wie sie sich in Gottes Augen darstellt; die tiefsinnige Szene, wie der Mensch die Tiere benennt (das Sprachvermögen des Menschen ist etwas ganz Wichtiges; dank der Sprache orientieren wir uns; die Wirklichkeit wird eine Heimat für uns; dieses Tier ist ein Löwe, dieses eine Ameise, dieses ein Seestern oder eine Qualle usw.; nur indem wir den Dingen Namen geben, können wir überhaupt mit ihnen umgehen); weiter den Abschnitt, in dem Gott dem Menschen den Auftrag gibt, den Garten Eden zu bebauen und zu bewahren (der ganze Umweltschutz mit seinem Bemühen um Nachhaltigkeit steckt in diesem Bild). Ich begnüge mich aber mit einer einzigen Szene, der Erschaffung der Frau aus der Rippe des Menschen. Und zwar will ich dabei noch etwas verweilen, weil sich schon viele Frauen daran störten: Die Frau werde hier gegenüber dem Mann ins zweite Glied versetzt. Ich denke, dass es nicht so gemeint ist.

Grosse Denker – unter ihnen Thomas von Aquin, der grösste Theologe der römisch-katholischen Tradition – haben schon im Mittelalter intensiv über diese Stelle nachgedacht. Warum, fragten sie, hat Gott die Frau aus der Rippe geschaffen? Und so lautete die Antwort: Wenn Gott die Frau aus dem Kopf

---

[28] Karl Barth, Briefe 1961–1966 (GA 1) Zürich 1975, S. 292.

geschaffen hätte, würde sie den Mann beherrschen. Wenn er sie aber aus den Füssen geschaffen hätte, dann würde der Mann umgekehrt auf der Frau herumtrampeln, sie erniedrigen und missbrauchen. Die Rippe liegt jedoch unmittelbar neben des Menschen Herz. Die Frau steht also auf dem gleichen Niveau – nicht über und auch nicht unter, sondern neben dem Mann. Sie gehören zueinander. Sie sind wechselseitig aufeinander angewiesen. Nur zu zweit sind sie wirklich ganz.[29]

Liebe Gemeinde, ist diese Auslegung aus dem Mittelalter nicht tiefsinnig und schön? Leider ist es nur so, dass manches im Verlauf der Geschichte auch in Vergessenheit geraten kann, weshalb man es wieder ans Licht heben muss. Die Auslegung, die ich jetzt in Erinnerung gerufen habe, passt gut zur Geschichte in der Bibel selbst. Nachdem Gott die aus der Rippe geschaffene Frau ihrem Mann zuführt, jubelt dieser: «Diese endlich ist Gebein von meinem Gebein und Fleisch von meinem Fleisch.» (Gen 2,23) Was könnte schöner sein? Und weiter heisst es, dass der Mann um der Frau willen Vater und Mutter verlässt und dass sie beide «ein Fleisch» zusammen werden. (Gen 2,24) «Und die beiden, der Mensch und seine Frau, waren nackt, und sie schämten sich nicht voreinander.» (Gen 2,25) Das ist der letzte Satz der Geschichte, der Erotik und Sexualität absolut positiv sieht. Dass es sich in unserer Alltagsrealität leider nicht immer so verhält, dass gerade Erotik und Sexualität Problemzonen unserer Gesellschaft sind, steht auf einem andern Blatt.

Liebe Gemeinde, für heute möchte ich aber abbrechen und nur noch einmal das eine sagen: Ist es nicht wunderschön, dass in unserer Bibel die Geschichte von Adam und Eva im Paradies steht? Amen.

PREDIGT IM JANUAR 2008

---

[29] Vgl. Thomas von Aquin, Summa Theologiae. Prima pars, quaestio 92, articulus 3. Ausgabe Rom 1962, S. 446.

Ehrfurcht vor dem Leben

Liebe Hörerin, lieber Hörer Ich möchte meine Predigt mit einem ausgefallenen Bibeltext beginnen: «Ein Böcklein sollst du nicht in der Milch seiner Mutter kochen.» (Ex 23,19) Es ist eines der seltsamsten alttestamentlichen Gebote überhaupt, das im Judentum nebenbei gesagt dazu führte, dass Fleisch und Milch nie gleichzeitig genossen werden. In Hotels in Israel wird man am Eingang des Speisesaals gefragt: «Essen Sie milchig oder fleischig?» Je nachdem gibt es eine andere Tischzuweisung.

Nun, bei uns im Christentum ist dieses Gebot ausser Gebrauch geraten, zusammen mit einer grossen Zahl anderer Vorschriften in der Bibel. Und keine Angst: Ich will dieses Gebot nicht wieder einführen. Vielleicht lohnt es sich aber doch, nach seinem ursprünglichen Sinn zu fragen. Ältere Religionswissenschaftler hatten als Hintergrund vermutet, dass es im Altertum magische Praktiken gab. Irgendwelche Hexer oder Zauberer kochten kleine Ziegenböcklein in Ziegenmilch, um damit irgendeine magische Wirkung zu erzielen. Das Gebot wäre in diesem Fall ursprünglich gegen eine derartige Magie gerichtet gewesen. Neuere Forschungen zum gleichen Bibeltext[30] meinen nun aber: Das Gebot «Ein Böcklein sollst du nicht in der Milch seiner Mutter kochen» sei Ausdruck einer «Ehrfurcht vor dem Leben». Wenn eine Ziege ein männliches Tier gebar, pflegte man dieses in der Regel nicht aufzuziehen. Man schlachtete und ass es. Das geschlachtete Tier in der Milch seiner eigenen Mutter zu kochen, empfand man jedoch als zynisch und unangebracht, da diese Milch ja zu seiner Nahrung bestimmt gewesen war. Wir stossen hier auf eine für viele vielleicht überraschende Feinfühligkeit gegenüber den Tieren. Auch ein kleines, wehrloses Tier darf zwar geschlachtet werden – aber man soll es nicht zugleich der Lächerlichkeit preisgeben. Man darf es nicht verspotten. Es wäre ein herzloser Scherz, ein Tier in der für es selbst bestimmten Milch zu kochen.

---

[30] Vgl. Otmar Keel, Das Böcklein in der Milch seiner Mutter und Verwandtes: im Lichte eines altorientalischen Bildmotivs. Freiburg/Schweiz 1980.

Sobald man so über das ausgefallene Gebot in der Bibel nachdenkt, entdeckt man etwas von seiner für viele wohl überraschenden Aktualität. Auch wehrlose Tiere – will das Gebot sagen – verdienen keine herzlose Grausamkeit. Auch sie sind Geschöpfe Gottes.

Andere Bibelstellen weisen in die gleiche Richtung:

«Wenn du dem verirrten Rind oder Esel deines Feindes begegnest, sollst du das Tier sogleich zu ihm zurückführen. Wenn du siehst, dass der Esel deines Gegners unter seiner Last zusammengebrochen ist, dann lass ihn nicht allein.» (Ex 23,4f.) «Du sollst dem Ochsen nicht das Maul verbinden, wenn er drischt.» (Dtn 25,4) «Sechs Tage sollst du arbeiten und all deine Arbeit tun; der siebte Tag aber ist ein Sabbat für den HERRN, deinen Gott. Da darfst du keinerlei Arbeit tun, [...] oder dein Rind oder dein Esel oder all dein Vieh [...].» (Dtn 5,13f.)

Immer wieder stossen wir auf das Gleiche. Wenn man die Bibel sorgfältig liest, geht aus ihr hervor: Es herrscht das Bewusstsein einer innigen Verbundenheit zwischen Mensch und Tier. Auch Tiere sind nicht «Freiwild».

Der wunderschöne Schöpfungspsalm 104 sagt es so:

«Gras lässt er sprossen für das Vieh
    und Kraut dem Menschen zunutze,
damit er Brot hervorbringe aus der Erde [...].
Sie alle warten auf dich,
    dass du ihnen Speise gibst zur rechten Zeit.»
(Ps 104,14 und 27)

In der Geschichte von der Arche Noah (Gen 6–9) werden nicht nur Noah und seine Familie bei der grossen Flut gerettet, sondern auch die Tiere. Es ist dies nicht umsonst eine biblische Geschichte, die man oft Kindern erzählt. Es gibt viele Bilderbücher darüber. Und viele Kinder spielen gern mit einer Arche und holzgeschnitzten Tieren. Ich denke, das ist ein gutes Spielzeug, weil dadurch die Feinfühligkeit unserer Kinder auch für die Tiere gefördert werden kann – für die zahmen und für die wilden.

Liebe Hörerin, lieber Hörer! Unsere heutige Predigt fing mit einer wohl auf den ersten Blick seltsam ausgefallenen Bibelstelle an: «Ein Böcklein sollst du nicht in der Milch seiner Mutter kochen.» Aber auf einmal sehen wir uns in einem grossen und aktuellen Zusammenhang. Es geht um die «Ehrfurcht vor dem Leben». Es wird uns gesagt, dass nach dem Glauben der Bibel nicht nur wir Menschen Geschöpfe sind, sondern auch die Tiere.

Die Wendung «Ehrfurcht vor dem Leben» stammt vom Urwaldarzt Albert Schweitzer. In seiner Selbstbiographie erzählt er, wie er auf diese Wendung kam: Im September 1915 wurde er in Afrika zu einer Patientin gerufen, 200 Kilometer stromaufwärts. «Als einzige Fahrgelegenheit fand [er] einen gerade in Abfahrt begriffenen kleinen Dampfer [...].»[31]

Schweitzer erzählt:

«Langsam krochen wir den Strom hinauf, uns mühsam zwischen den Sandbänken [...] hindurchtastend. Geistesabwesend sass ich auf dem Deck [und arbeitete an einem Buch]. Am Abend des dritten Tages, als wir bei Sonnenuntergang gerade durch eine Herde Nilpferde hindurchfuhren, stand urplötzlich, von mir nicht geahnt und nicht gesucht, das Wort ‹Ehrfurcht vor dem Leben› vor mir.»[32] «Ich bin Leben, das leben will, inmitten von Leben, das leben will.»[33]

Ich denke, dass es eine «Sternstunde der Menschheit»[34] war, als der grosse Arzt und Gelehrte diesen Gedanken so klar zur Sprache bringen konnte.

Es ist wichtig, es zu wissen oder neu zu lernen: Wir Menschen sitzen mit den Tieren im gleichen Boot. Ich persönlich bin zwar der Meinung, dass wir mit Mass Tiere schlachten dürfen. Man darf Fleisch essen und aus Tierhäuten Leder produzieren. Aber eben: mit Mass! Und im Bewusstsein, dass nicht nur wir Menschen, sondern auch die Tiere Geschöpfe sind! Gott liebt auch sie. Wenn die Verfasser der Gebote im Alten

---

[31] Albert Schweitzer, Aus meinem Leben und Denken. Hamburg 1959, S. 132.
[32] Ebenda.
[33] Ebenda, S. 133.
[34] Vgl. Stefan Zweig, Sternstunden der Menschheit. Leipzig 1927.

Testament es zynisch und herzlos fanden, ein Ziegenböcklein in der Milch zu kochen, die eigentlich für seine Aufzucht bestimmt gewesen wäre, so war es in unserer eigenen Zeit wohl mindestens so zynisch und herzlos, pflanzenfressende Rinder mit Tiermehl zu füttern. Die Natur hat sich in diesem Fall – wenn ich so sagen darf – «gerächt», weil hier offenbar eine nicht überschreitbare Grenze überschritten worden war.

Doch zurück zur Bibel! Hören wir den Abschnitt der Schöpfungsgeschichte, in dem es um die Erschaffung der Tiere geht:

Und Gott sprach: Es wimmle das Wasser von lebendigen Wesen, und Vögel sollen fliegen über der Erde an der Feste des Himmels. Und Gott schuf die grossen Seetiere und alle Lebewesen, die sich regen, von denen das Wasser wimmelt, nach ihren Arten und alle geflügelten Tiere nach ihren Arten. Und Gott sah, dass es gut war. Und Gott segnete sie und sprach: Seid fruchtbar und mehrt euch und füllt das Wasser im Meer, und die Vögel sollen sich mehren auf der Erde. Und es wurde Abend, und es wurde Morgen: ein fünfter Tag. Und Gott sprach: Die Erde bringe Lebewesen hervor nach ihren Arten: Vieh, Kriechtiere und Wildtiere, je nach ihren Arten. Und so geschah es. Und Gott machte die Wildtiere nach ihren Arten, das Vieh nach seinen Arten und alle Kriechtiere auf dem Erdboden, nach ihren Arten. Und Gott sah, dass es gut war. (Gen 1,20–25)

Der Text braucht kaum einen grossen Kommentar. Auffallend dünkt mich in erster Linie, wie ausführlich er ist. In einer gewissen frühen Form von Wissenschaftlichkeit bemüht sich der Verfasser, das Tierreich in verschiedene Kategorien einzuteilen. Heute unterscheiden wir wirbellose und Wirbeltiere, Kaltblütler und Warmblütler usw. In jenem frühen Versuch, ein wenig Ordnung in die Welt zu bringen, unterschied man sorgfältig zwischen Wassertieren, Lufttieren und Landtieren. Bei den dem Menschen besonders nahestehenden Landtieren wurde ausserdem zwischen Wild und Vieh und Kriechtieren unterschieden.

Nicht nur der Mensch, sondern auch die Tiere sind ein Teil

der Schöpfung. Die Landtiere und der Mensch wurden am gleichen Schöpfungstag geschaffen. Die Symbolik spricht für sich: Wir Menschen haben keinen Anlass, hochmütig auf die Tiere hinunterzusehen und unsere intime Nachbarschaft und Verwandtschaft mit ihnen zu vergessen oder gar zu leugnen. Auf diesem Hintergrund haben wir keine Ursache, in der Evolutionstheorie der heutigen Naturwissenschaften eine Bedrohung für den christlichen Glauben zu erblicken. Plakativ formuliert: Es ist nur heilsam, anzuerkennen, dass wir Verwandte der Menschenaffen sind. Ein wenig Demut hat noch nie geschadet.

Ich schliesse mit einem Kindergebet, das um die Geschöpflichkeit auch der Tiere und Pflanzen weiss. Oft verhält es sich ja so: Kinder zeigen uns Erwachsenen, worauf es wirklich ankommt:

> Jedes Tierli hät sis Ässe.
> Jedes Chrüütli chunnt vo dir.
> Gott, du tuesch is nöd vergässe.
> Liebe Gott, mir tanked dir.

Amen.

RADIOPREDIGT AM 5. JUNI 2005

JESUS

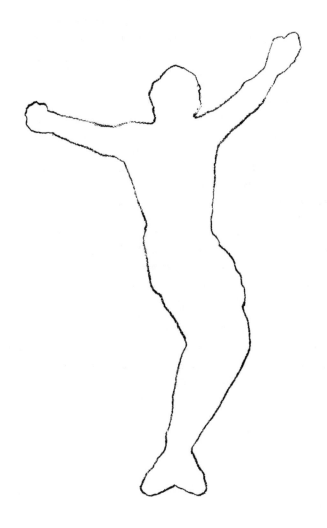

Ecce homo![35]

Und das Wort [...] wurde Fleisch. (Joh 1,14)

In St. Gallen hinter dem Bahnhof gibt es eine alte Lokremise. In der guten alten Zeit wurden hier die Dampflokomotiven während der Nacht versorgt. Das Gebäude war während Jahren leer. Doch jetzt ist neues Leben eingezogen. Eine Kunstgalerie richtete ein privates Museum ein – und zwar für Gegenwartskunst. In wechselnden Ausstellungen kann man sich hier an ungewohntem Ort über die internationale Kunstszene informieren. Vieles wirkt in den Augen von Durchschnittsbesucherinnen oder Durchschnittsbesuchern – zu denen auch ich mich zähle – gewagt und ungewohnt. «Lässt sich das überhaupt noch als Kunst bezeichnen?», wird gefragt. Manche Beispiele lassen sich wohl am besten so verstehen, dass sie die gegenwärtige Gesellschaft und die heutigen Weltprobleme spiegeln.

Nicht alle der ausgestellten Exponate sind für die Ewigkeit gedacht. Der in Kalifornien lebende Maler Raymond Pettibon wurde persönlich nach St. Gallen eingeladen. Man forderte ihn auf, eine grosse weisse Wand mit Figuren aus seinem Skizzenbuch zu übermalen. Während zwei Jahren kann man sie jetzt betrachten, dann wird das Ganze wieder übertüncht.[36] Raymond Pettibon, geboren 1957, liess sich vor allem von Comics inspirieren. Man begegnet Menschen und Gegenständen in riesiger Vergrösserung, oft karikaturhaft. Auch Sprechblasen sind dabei. Man sieht das Bild einer Vergewaltigung, einen Popsänger, der ins Mikrophon singt, zwei Badende an einem Strand, eine Prostituierte mit übergrossen Brüsten – und mitten drin einen Mann mit einer Dornenkrone: offensichtlich Jesus. Der Oberkörper ist nackt. Um die Hüften ist ein Tuch geschlungen. Es wird auf die Szene im Neuen Testament angespielt, als der römische Statthalter Pontius Pilatus den

---

[35] «Ecce homo!» lateinisch für Joh 19,5: «Da ist der Mensch!» oder «Das ist der Mensch!»

[36] Zum Ganzen vgl.: Michaela Unterdörfer (Herausgeberin). Sammlung Hauser und Wirth / Teil 2. Wechselstrom. Oktagon. Köln 2001.

gemarterten und verspotteten Jesus mit dem Satz «Da ist der Mensch!» oder «Das ist der Mensch!» vor dem Pöbel blossstellt (Joh 19,5). Jesus – und zwar der leidende Jesus –, will der Künstler sagen, gehört auch heute noch zum Bilderschatz mindestens der amerikanischen und europäischen Gesellschaft – zusammen mit Fussballgrössen, Popsängern und Figuren wie Superman, Mickey Mouse und Donald Duck.

Liebe Hörerin, lieber Hörer, manche Ausstellungsbesucherinnen und Ausstellungsbesucher sind über das Bild empört. Die bunt gescheckte Wand wird als Verspottung des christlichen Glaubens empfunden. Und wer weiss – ich kenne den Künstler nicht –, ist es aus seiner Sicht auch so gemeint. Jesus wäre in diesem Fall hier noch ein weiteres Mal erbarmungslos in seinem Leiden zur Schau gestellt. Nicht nur damals in der Passionsgeschichte im Neuen Testament konnte er sich nicht wehren. Sondern auch heute noch ist es – wenn ich so sagen darf – offenbar «erlaubt», ihn in seiner Not neugierigen Blicken auszusetzen und ihn mit Figuren der zeitgenössischen Trivialliteratur zu kombinieren – Jesus als Teil von gegenwärtiger Wegwerfkunst. Was sagen wir dazu? Einige rufen jetzt vielleicht nach Zensur. «Das Bild sollte verboten werden!» Der Künstler und seine Auftraggeber seien wegen Gotteslästerung, Blasphemie und Verhöhnung religiöser Gefühle und Inhalte vor Gericht zu stellen. In früheren Generationen hat man es so gemacht.

Während und nach meinem Besuch in der alten St. Galler Lokremise habe ich über das Ganze nachgedacht. Für mich persönlich kam ich zum Schluss: Unabhängig davon, wie Raymond Pettibon sein Wegwerfbild persönlich meinte – im Ernst oder zum Spott oder sogar als Verhöhnung –, mit den Augen des christlichen Glaubens betrachtet erinnert uns das Bild an wesentliche Grundaussagen des Neuen Testaments und der Bibel überhaupt. Anders als in vielen Religionen der Menschheit ist der biblische Gott nicht einer, der in *splendid isolation* irgendwo über den Wolken schwebt – unberührt und unbetroffen von dem, was sich auf der Erde abspielt.

Wir gehen wieder auf Weihnachten zu. In einem der bevorstehenden Feiertagsgottesdiensten wird ganz bestimmt der Anfang des Johannesevangeliums vorgelesen werden, in dem es programmatisch und tiefsinnig heisst: «Und das Wort [...] wurde Fleisch.» (Joh 1,14) Es ist ein sehr harter und keineswegs niedlicher Satz. «Und das Wort [...] wurde Fleisch.» Fleisch ist in der Sprache der Bibel ein bildlicher Ausdruck für das, was der Hinfälligkeit, dem Leiden und dem Tod restlos ausgeliefert ist, sich nicht dagegen wehren kann. «Alles Fleisch ist Gras, und alles, was gut ist daran, ist wie die Blume auf dem Feld. Das Gras vertrocknet, die Blume verwelkt, wenn der Atem des HERRN darüberweht.» (Jes 40,6f.) Im Gegensatz zu den Blumen auf dem Feld wissen die Menschen jedoch um ihr Ausgeliefertsein. Der Satz, wonach Gott Fleisch wird, muss so zugespitzt werden: Gott selbst geht bewusst und willentlich überall dorthin, wo gelitten und geweint wird. Gottes Solidarität mit seiner Schöpfung lässt sich nicht inniger denken. Es gibt keinen Ort, und wäre er noch so kalt und dunkel, an dem Gott nicht selbst präsent ist.

Nach dem Verständnis des christlichen Glaubens ist das ein irreversibler Prozess. In der christlichen Kunst wird der auferstandene Christus nicht umsonst mit den Wundmalen dargestellt – durchaus entsprechend dem Neuen Testament. Der Auferstandene *bleibt* der Gekreuzigte. Die Fleischwerdung Gottes ist nicht ein vorübergehender Spaziergang. Sondern die Jesusgeschichte macht eine bleibende Eigenschaft Gottes sichtbar.

Bestimmt haben Sie schon von Harriet Beecher Stowe gehört, der Autorin des Romans «Onkel Toms Hütte», mit dem sie im 19. Jahrhundert wortgewaltig gegen die Institution der Sklaverei in den amerikanischen Südstaaten antrat. Harriet Beecher Stowe war theologisch hoch gebildet und wagte es, auch Theologieprofessoren zu widersprechen. Es gab solche, die lehrten, dass Gott nicht leiden könne, da er sonst ein unvollkommenes Wesen wäre. Ihnen gegenüber vertrat Harriet Beecher Stowe die Ansicht, dass «die Unfähigkeit Gottes, an dem Leiden seiner Geschöpfe teilzunehmen, eine weit grössere Unvollkommenheit» wäre. Gott war, wie sie es sah, ein «Wesen voll unendlicher Liebe, Langmut und Güte, welches die Schmerzen der Menschheit teilt. In dem leidenden Christus offenbart sich Gott.» «Das Leid ist göttlicher Natur, es herrscht auf dem Weltenthron.»[37]

Die amerikanische Schriftstellerin zog ganz praktische Konsequenzen aus ihrem damals von vielen als revolutionär empfundenen Gottes- und Christusbild. Sie sagte, dass das «grosse Geheimnis, welches dem Christenglauben aller Nationen gemeinsam» angehört – nämlich «die Vereinigung der göttlichen und menschlichen Natur in Jesus Christus» –, «jedem Menschendasein etwas Heiliges [und] Unverletzliches» verleiht. «Wer an Jesus glaubt, dem erscheint es nicht nur unmenschlich, sondern gotteslästerlich, wenn er die Rechte selbst des geringsten seiner Nebenmenschen mit Füssen treten sieht. Die schlimmste Form dieser Gotteslästerung aber ist die Sklaverei.»[38] Die Sklaverei wurde in Amerika dann wirklich abgeschafft. Obwohl nicht bestritten werden kann, dass auch ökonomische Gründe dazu beitrugen – die moderne Industrie brauchte mündige Menschen und keine Sklavinnen und Sklaven –, darf das Verdienst Harriet Beecher Stowes nicht geschmälert werden. Ohne sie wäre es nicht so schnell gegangen. Die inzwischen weltberühmt gewordene Schriftstellerin wandte sich dem religiösen Sozialismus und dem Rotkreuzgedanken zu. Einen Teil des Geldes, das sie mit «Onkel Toms Hütte» verdiente, stellte sie für die Gründung einer höheren Schule zur Ausbildung farbiger Lehrer für die Vereinigten Staaten und Kanada zur Verfügung.

Kurz und gut: Das auf den ersten Blick möglicherweise schockierende Wegwerfbild des Amerikaners Raymond Pettibon mit Christus mitten unter Comicfiguren erinnert uns – ob gewollt oder nicht gewollt – gerade auf Weihnachten hin an eine wichtige Glaubensaussage. «Das Wort [...] wurde Fleisch.» Amen.

RADIOPREDIGT AM 9. DEZEMBER 2001

---

[37] Charles F. Stowe, Harriet Beecher Stowe. Briefe und Tagebücher. Deutsch von Margarete Jacobi. Gotha 1892, S. 22. (Vgl.: Frank Jehle, Grosse Frauen der Christenheit. Freiburg/Schweiz 1998, S. 118 ff.)

[38] Ebenda, S. 149.

The Passion of Christ

Liebe Hörerin, lieber Hörer, ich weiss nicht, ob Sie den Film «The Passion of Christ» des amerikanischen Regisseurs Mel Gibson kennen. Als er in den Kinos zuerst gezeigt wurde,[39] waren unsere Tageszeitungen mit einschlägigen Artikeln und Leserbriefen überfüllt. Die Fragen, die der monumentale Film in klassischer Hollywood-Manier aufwirft, sind immer noch aktuell. Man warf ihm Antisemitismus und übertriebene Grausamkeit vor. Aus Neugier habe ich mir den Film angesehen. Vielleicht sind Sie über mich erstaunt: Ich bin zwar nicht begeistert von diesem Film. Ich empfehle ihn auch nicht. Ich finde die Kritik, die ich gelesen habe, teilweise aber übertrieben.

Zum Vorwurf des Antisemitismus denke ich, dass er unberechtigt ist. Es wird kein Judenhass geschürt. Jesus und seine Jüngerinnen und Jünger sind ja ebenfalls Juden. Von einer Kollektivschuld des jüdischen Volkes am Tod Jesu ist nirgendwo die Rede. Angehörige der Oberschicht von Jerusalem – aber nicht alle Juden! – wollen, dass Jesus stirbt. Und sogar in der Oberschicht gibt es positive Gegenbeispiele. Pilatus wird vergleichsweise harmlos dargestellt. Besonders sadistisch sind die römischen Soldaten. Vor allem die Szene, in der Jesus ausgepeitscht wird, ist von nicht mehr überbietbarer Brutalität.

Und das führt zum zweiten Vorwurf, demjenigen der übertriebenen Grausamkeit: Als Jesus ausgepeitscht wurde, beobachtete ich mich selbst. Um der Szene standzuhalten, nahm ich eine möglichst distanzierte und kühle Beobachterhaltung an. Ich murmelte vor mich hin, das Ganze sei Theater. Und ich sagte mir, dass die dargestellte Brutalität unwahrscheinlich sei, Jesus wäre sonst schneller ohnmächtig geworden und gestorben.

Sie sehen: Man kann so dick auftragen, dass die Wirkung verpufft. Mel Gibsons Film ist kein grosser und bleibender Film. Sein schwerstwiegender Fehler besteht wohl darin, dass er die Passionsgeschichten der vier Evangelien naiv vermischt. Er verfährt damit so, wie wenn man vier verschiedene Fotografien des

---

[39] Frühling 2004.

gleichen Menschen übereinander projizieren würde. Es entsteht damit nicht ein exakteres Bild, sondern es wird alles unklar.

Aber, liebe Hörerin, lieber Hörer, nicht alles in diesem Film ist schlecht. Berührend ist die Episode mit Simon von Kyrene, jenem Bauern, der vom Feld kommt und von den Soldaten dazu gezwungen wird, das Kreuz für Jesus zu tragen. Mitten im Grauen entsteht hier so etwas wie eine Insel der Menschlichkeit und der Solidarität. Simon gerät zufällig in die Passionsgeschichte. Er ist einfach unterwegs. Die Soldaten packen ihn und zwingen ihn, eine widerwärtige Schwerarbeit zu verrichten. So war es damals. Die Römer waren eine arrogante Kolonialmacht. Ein einfacher Bauer konnte sich nicht dagegen zur Wehr setzen, wenn man ihn zu etwas Unangenehmem zwang. Es kam häufig vor, dass römische Legionäre einen Einheimischen einfach aufforderten, seine eigene Arbeit liegen zu lassen und ihr Gepäck für sie zu tragen. Wehe dann, wenn sich einer wehrte!

Der Film stellt nun aber dar, wie Simon zuerst mit Recht verärgert das schwere Kreuz ergreift. Doch dann solidarisiert er sich mit Jesus. Er gibt sich sichtlich Mühe, dem armen Gefolterten zum Tode Verurteilten wenigstens ein Stück seines Leidens abzunehmen. Menschlichkeit mitten in der Not und im Angesicht des Todes! Die Szene mit Simon von Kyrene, die ja nicht nur im Film Mel Gibsons vorkommt, sondern die er der Bibel entnommen hat, ist ein Lichtblick. *Auch* oder sogar *besonders* in der Finsternis scheinen manchmal kleine und gelegentlich sogar grosse Lichter. Simon von Kyrene hellt die Nacht auf.

Ich möchte den kurzen Abschnitt aus dem Markusevangelium vorlesen:

Und sie zwingen einen, der gerade vorbeigeht, Simon aus Kyrene, der vom Feld kommt, den Vater des Alexander und des Rufus, ihm das Kreuz zu tragen. (Mk 15,21)

Simon wird hier als Vater von zwei Männern vorgestellt, die der Leserschaft des Markusevangeliums offenbar bekannt sind. Mit gutem Grund wird angenommen, dass Simon sich später der christlichen Gemeinschaft anschloss und dass seine zwei Söhne, Alexander und Rufus, ebenfalls Gemeindeglieder wurden. Die ganze Bemerkung im Markusevangelium wäre sonst unverständlich. Und man kann es in diesem Fall folgendermassen formulieren: Auf dem Weg nach Golgota wird mindestens ein Keim gesetzt – oder ein Samenkorn –, aus dem christliche Gemeinschaft hervorwächst und aufblüht. Alexander und Rufus wären kaum Christen geworden, wenn ihr Vater Simon nicht – zufällig – bei der Kreuzigung vorbei gekommen wäre und wenn die Soldaten ihn nicht gepresst hätten, Jesu Kreuz zu tragen.

Liebe Hörerin, lieber Hörer, noch einmal zurück zum Film, über den man so heftig diskutiert hat! Ein – wenn ich so sagen darf – *theologisch* wichtiger Fehler ist mir aufgefallen: Der Film stellt es so dar (und steht damit natürlich in einer gewissen Tradition), dass Jesu Leiden noch grausamer war als das, was man den andern mit ihm zusammen Hingerichteten antat. Ich denke, dass das falsch ist und dass damit auch theologisch ein fragwürdiger Akzent gesetzt wird.

So wie ich die Karfreitagsgeschichte verstehen zu müssen glaube, besteht ihre Botschaft nicht darin, dass sie sagen würde: «So wie Jesus hat noch nie jemand gelitten.» Jesus war nicht gewissermassen ein Weltmeister im Leiden. Sondern er litt *wie* und zusammen *mit* allen Leidenden in dieser Welt.

Um eine historische Erinnerung einzuschalten: Im Jahr 4 v. Chr. starb König Herodes der Grosse. Unruhen brachen aus. Statthalter Quintilius Varus marschierte mit drei Legionen – also mit 18 000 Berufssoldaten – in Palästina ein und liess völlig willkürlich etwa 2000 Juden kreuzigen. Jeder Einzelne starb allein und qualvoll. So wurde dem Volk gesagt, wer der Herr im Land sei.

Das Besondere an Jesu Passion besteht nicht in der Einmaligkeit seines Leidens. Das Besondere ist vielmehr seine tiefe Solidarität mit den Leiden und den Leidenden der Menschheit. Gerade darin besteht das Tröstliche an seinem Leiden. Wenn ein Mensch leidet, darf er sich sagen, dass Jesus weiss, wie ihm zu Mute ist, dass er in seinem Leiden nicht allein ist, Jesus hat *auch* – nicht weniger und nicht mehr – gelitten. Das gilt, wo einzelne Menschen leiden, sei es unter Krankheit und Tod, aber auch unter Unglücksfällen und Verbrechen. Und auch auf die Opfer von von Menschen gemachten oder von Naturkatastrophen trifft es zu. Denken wir an die vom Seebeben in Südostasien Betroffenen,[40] aber auch an die von Bürgerkriegen und Hungersnöten Heimgesuchten, in Afrika zum Beispiel. Auch von ihnen gilt, dass der gekreuzigte Jesus an ihrem Leiden teilnimmt.

Ich schliesse mit Strophen aus dem Passionslied von Paul Gerhardt, «O Haupt voll Blut und Wunden», in denen präzis dieser Aspekt zum Ausdruck kommt:

«Wenn ich einmal soll scheiden,
so scheide nicht von mir.
Wenn ich den Tod soll leiden,
so tritt du dann herfür.
Wenn mir am allerbängsten
wird um das Herze sein,
so reiss mich aus den Ängsten
kraft deiner Angst und Pein.

Erscheine mir zum Schilde,
zum Trost in meinem Tod,
und lass mich sehn dein Bilde
in deiner Kreuzesnot.
Da will ich nach dir blicken,
da will ich glaubensvoll
dich fest an mein Herz drücken.
Wer so stirbt, der stirbt wohl.»[41]

Amen.

RADIOPREDIGT AM KARFREITAG 2005

---

[40] Vgl. oben S.32.
[41] Gesangbuch der Evangelisch-reformierten Kirchen der deutschsprachigen Schweiz. Basel und Zürich 1998, Nr. 445, 7–8.

Das Kreuz als Baum des Lebens

Amen, amen, ich sage euch: Wenn das Weizenkorn nicht
in die Erde fällt und stirbt, bleibt es allein; wenn es aber
stirbt, bringt es viel Frucht. (Joh 12,24)

Liebe Hörerin, lieber Hörer, hoffentlich sind Sie nicht allzu
stark enttäuscht darüber, dass Sie nicht die Stimme meiner
Kollegin hören, die leider krank ist. Wir wünschen ihr Gute
Besserung. Ich selbst freue mich darüber, dass ich heute hier
sprechen darf. Seit meiner frühen Kindheit war der Karfreitag
immer ein wichtiger Tag für mich. «Weisst du», sagte meine
Mutter, «der Karfreitag ist der höchste Feiertag im Jahr; Jesus ist gestorben.» Das machte mir einen tiefen Eindruck – vor
allem auch in Verbindung mit dem Brauch, dass die Männer
und oft auch die Frauen (es waren die Vierzigerjahre des letzten Jahrhunderts) in feierlicher schwarzer Kleidung in die Kirche gingen. Als auf dem Spielplatz ein Junge aus der Nachbarschaft fragte: «Was ist das: der Karfreitag?», löste diese
Unkenntnis bei mir beinahe einen Schock aus.

Meine Mutter war eine liberale Protestantin. Ich vermute,
Jesus war für sie damals eher ein grosses Vorbild und weniger
der Erlöser. Als ich erwachsen wurde und Theologie studier-
te, lernte ich, dass es etwas problematisch ist, den Karfreitag
so betont als den grössten Feiertag zu bezeichnen. Er gehört
mit Ostern zusammen. Wenn die christliche Gemeinde nicht
bekennen würde, dass der gekreuzigte Jesus auferstanden ist
und lebt, hinge der Karfreitag in der Luft. Theologisch verstanden, ist er mehr als ein Gedenktag an eine Persönlichkeit,
die vor vielen Jahren starb beziehungsweise brutal gefoltert und
getötet wurde. Die damalige Haltung meiner Mutter ist aber
wohl charakteristisch für viele heutige Menschen: Man kann
über den verstorbenen Jesus trauern – beispielsweise auch ein
Passionskonzert besuchen und tief ergriffen sein davon –, auch
wenn man sich schwertut mit der Auferstehungsbotschaft.

Fast den ganzen Monat März verbrachte ich bei der Familie
eines meiner Söhne in New York. Ich besuchte dabei auch die

grösste Buchhandlung – ein ganzes Haus mit Büchern auf vielen Stockwerken. Für meinen Enkel suchte ich ein Bilderbuch zu Karfreitag und Ostern. Ich fand aber bloss zahllose Geschichten von Hasen, die Ostereier produzieren und verteilen – teilweise poetisch, teilweise auch lustig und humorvoll.

Nichts gegen Hasen, die Ostereier verstecken! Wir machen das in unserer Familie auch und freuen uns mit den Kindern. Die riesige Buchhandlung in New York machte mir aber neu bewusst: Nicht nur ein Karfreitag ohne Ostern hängt in der Luft, sondern ebenso ein Osterfest, das nur lustig ist und bei dem die Erinnerung an Jesus, der am Kreuz gestorben ist, gewissermassen weg retouchiert ist – vielleicht weil man es peinlich findet, von einem Gekreuzigten zu erzählen. Nicht umsonst zeigen die alten Bilder den Auferstandenen immer mit Wundmalen an den Händen, auf der Seite und an den Füssen. Die Wundmale Jesu sind die Kennzeichen seiner Identität.

Zurück zum Stichwort Ostereier: Bei einer Reise durch Osteuropa im Ausstrahlungsbereich der orthodoxen Kirchen hat man mir erzählt, die Grundfarbe der dort vielfach sehr kunstvoll gestalteten Ostereier sei in der Regel rot. Und dazu erzähle die Legende, als Jesus am Kreuz gestorben sei, habe sich ein Blutstropfen von seinem Leib gelöst und sei auf ein weisses Ei gefallen, das zufällig dalag. Dieser habe dem Ei seine rote Farbe gegeben. Die Ostereier sind in diesem Fall also ein vielschichtiges Symbol: Das Ei erinnert an das neue Leben, die rote Farbe erzählt aber gleichzeitig davon, dass das neue Leben, welches Jesus uns schenkt, untrennbar mit seinem Tod verknüpft ist. Wenn Jesus nicht gestorben wäre, gäbe es auch keine Auferstehungsbotschaft.

Lassen Sie mich aus dem Johannesevangelium zitieren:

«Amen, amen, ich sage euch: Wenn das Weizenkorn nicht in die Erde fällt und stirbt, bleibt es allein; wenn es aber stirbt, bringt es viel Frucht.» (Joh 12,24)

Mit den Augen des christlichen Glaubens betrachtet: Der Tod Jesu am Kreuz ist nicht – wie es von aussen ohne Zweifel aussieht – eine Katastrophe, sondern der Durchbruch zu einem neuen Leben, das allen verheissen ist. Mit dem Apostel Paulus:

> «Nun aber ist Christus von den Toten auferweckt worden, als Erstling derer, die entschlafen sind.» (1Kor 15,20)

Auf vielen Ikonen der orthodoxen Kirchen ist das sehr realistisch, aber auch hoch symbolisch dargestellt: Jesus steigt nach seinem Tod am Kreuz in die Welt des Todes hinunter. Und hier ruft er die Verstorbenen – angefangen mit Adam und Eva, den Ureltern der Menschheit, gefolgt von allen weiteren biblischen Gestalten – zurück ins Leben. Er nimmt sie bei der Hand und führt sie in einem Triumphzug in sein Reich. Der Tod Jesu am Kreuz ist also nicht ein isoliertes his-torisches Ereignis, das längst vergangen ist, sondern er hat Folgen für die ganze Schöpfung.

Liebe Hörerin, lieber Hörer, in meiner heutigen Karfreitagspredigt geht es um die untrennbare Verbundenheit von Kreuzigung und Auferstehung. Meine These ist, dass man nicht im christlichen Sinn von Auferstehung sprechen kann, wenn man dabei die Kreuzigung vergisst. Und umgekehrt gehört der Osterglaube im biblischen Sinn auch zur Karfreitagsbotschaft. Ich habe das Symbol der roten Ostereier in Osteuropa erwähnt, ebenfalls die Ikonen der Ostkirchen, die den Abstieg Jesu in die Welt des Todes als den Beginn des neuen Lebens deuten.

Noch ein weiteres Symbol für diesen Zusammenhang: Wer die Geschichte der christlichen Kunst studiert, nimmt wahr, dass in den ersten Jahrhunderten der Christentumsgeschichte realistische Darstellungen der Kreuzigung Jesu weitestgehend fehlen. Solange die Kreuzigung im römischen Reich noch eine gängige Hinrichtungsform für Sklaven und Rebellen war, wussten ja alle, wie brutal es dabei her- und zuging. Man musste das nicht illustrieren. Auf den ältesten Darstellungen wird das Kreuz regelmässig so gezeigt, dass es als Hoffnungszeichen erscheint: zum Beispiel auf einem Sarkophag in Rom mit einem Lorbeerkranz geschmückt oder auf Mosaiken in Ravenna und Rom in einem Sternenmeer und mit Blumengirlanden dekoriert oder mit Edelsteinen besetzt – oder sogar als Lebensbaum im Paradies, auf einem Hügel, von dem vier Ströme in alle Himmelsrichtungen fliessen, an denen Tiere sich laben können.

In einem Hymnus des römischen Dichters Venantius Fortunatus, der im 6. Jahrhundert lebte, heisst es gewissermassen als Kommentar zu solchen Bildern:

«Es glänzt das gesegnete Kreuz, / an dem im Fleische gehangen
Einst unser Herr, der im Blut / unsre Verletzungen wusch [...].
Mächtig fruchtbar bist du, / hochedler und lieblicher Kreuzbaum,
seit an den Ästen du trägst / Edensäpfel so neu.
Durch ihren neuen Duft / die Leichen der Toten erstehen.
Die entbehrten den Tag, / kehrten ins Leben zurück.
Unter deinem Laub wird / Hitze keinen mehr sengen,
weder der Mond in der Nacht, / noch die Sonne am Tag.
Glänzend stehst du gepflanzt / an Bächen reissenden Wassers,
breitest weithin aus / blütenbesätes Laub.
Um deine Zweige noch rankt / sich der Weinstock, davon uns
Fliesset köstlicher Wein / rot mit der Röte des Bluts.»[42]

Die gleiche Vorstellung findet sich auch im heutigen Kirchengesangbuch – sowohl bei den Protestanten als auch bei den Katholiken:

«Holz auf Jesu Schulter,
von der Welt verflucht,

---

[42] Venantius Fortunatus: Carmen 2,1, nach: Frits van der Meer und Christine Mohrmann, Bildatlas der frühchristlichen Welt. Deutsche Ausgabe von Heinrich Kraft. Gütersloh 1959, S. 143, leicht redigiert von F. J.

ward zum Baum des Lebens
und bringt gute Frucht. [...]

Hart auf deiner Schulter
Lag das Kreuz, o Herr,
ward zum Baum des Lebens,
ist von Früchten schwer.»[43]

Liebe Hörerin, lieber Hörer, besonders für evangelische Ohren sind das vielleicht eher ungewohnte Karfreitagsgedanken.
Sie stammen aus einer mystischen Tradition, die uns teilweise
fremd geworden ist, uns jedoch helfen kann, den Karfreitag
zusammen mit Ostern in einem neuen Licht wahrzunehmen.
Ich wünsche Ihnen und mir auf jeden Fall heute einen geseg-
neten Karfreitag und übermorgen frohe Ostern. Amen.

RADIOPREDIGT AM KARFREITAG 2007

[43] Jürgen Henkys (T) © Strube Verlag, München; Gesangbuch der Evangelisch-Reformierten Kirchen der deutschsprachigen Schweiz, Basel und
Zürich 1998, Nr. 451, 1 und 6. (Hier als ökumenisches Lied
ausgewiesen.)

Hoffnung auch für Judas

Liebe Hörerin, lieber Hörer, ich möchte heute nicht über einen konkreten Bibeltext predigen, sondern zusammen mit Ihnen über eine biblische Gestalt nachdenken, die in die Passionszeit gehört: Judas Iskariot, der Jünger, der Jesus – wie es in der Bibel heisst – ausgeliefert oder verraten hat. Judas hat sich dem kollektiven Gedächtnis tief eingeprägt. «Du bist ein Judas!» kann man noch heute hören. Der Satz kann zu Ehrverletzungsprozessen führen. Im Zusammenhang mit Judas denke ich aber besonders an Darstellungen in der Kunst: Abendmahlsbilder, auf denen man ihn mit einem Geldbeutel in der Hand sieht, gefüllt mit den dreissig Silberstücken, die er für den Verrat erhielt; Judas – besonders eindrücklich, erschütternd und rätselhaft –, wie er Jesus mit einem Kuss verrät, mit einem Kuss, dem Zeichen von Freundschaft und Liebe; oder dann die Szene, wie er sich aus Verzweiflung umbringt.

Von einem Dorf in Bayern wurde mir erzählt, dass man dort jedes Jahr in der Osternacht den «Judas» – eine mit Lumpen bekleidete Strohpuppe – unter allgemeinem Jubel auf einen brennenden Scheiterhaufen wirft. In der «Göttlichen Komödie» des grossen italienischen Dichters Dante gibt es die Szene, in der Judas in der untersten Abteilung der Hölle in Packeis eingefroren ist, ein schauerliches Bild, das etwas von der Entrüstung über den Verräter zeigt: Es friert einen eben, wenn man daran denkt, dass einer seinen Freund ans Kreuz bringt.

Es lohnt sich, über Judas nachzudenken. Die Schuld, die er auf sich lud, lässt sich nicht wegdiskutieren. Aber es gibt auch andere Aspekte: In einer geheimnisvollen Weise ist Judas ja auch Werkzeug in der Hand Gottes, Werkzeug, mit dem das Heilsgeschehen vorangetrieben wird. Nicht nur von Judas steht in der Bibel, dass er Jesus ausgeliefert habe, sondern auch von Gott: «Denn so hat Gott die Welt geliebt, dass er den einzigen Sohn [auslieferte]», heisst es im Johannesevangelium (Joh 3,16). «Was du tun willst, tue bald!», sagt Jesus zu Judas im gleichen Buch (Joh 13,27). Wie sich das Handeln Gottes und dasjenige Judas' zueinander verhalten, ist für den menschlichen Verstand nicht auflösbar. Judas ist schuldig, aber seine Schuld ist eine «glückliche Schuld» (auf Lateinisch «*felix culpa*», der Ausdruck stammt aus der katholischen Liturgie), glücklich, weil aus dieser Schuld das Heil hervorgeht.

Als ich die Bibelstellen, in denen Judas vorkommt, durchgelesen habe, um meine Predigt vorzubereiten, ist mir aufgefallen, dass manches unklar oder sogar widersprüchlich ist. Um am Ende anzufangen: Gemäss der Apostelgeschichte starb Judas an einem Unfall (Apg 1,16–20), wogegen er sich nach der Darstellung im Matthäusevangelium selbst tötete (Mt 27,5). Das Markus-, das Lukas- und das Johannesevangelium erzählen nichts davon. Wie es wirklich war, wusste man wohl nicht mehr, als das Neue Testament entstand. Weil man den Verrat entsetzlich fand, stellte man sich einen schlimmen Tod vor.

Nicht klar sind auch die Beweggründe, die Judas zum Verräter werden liessen. Die Geschichte von den dreissig Silberstücken, für die er Jesus verriet, ist möglicherweise nicht historisch, sondern eine schriftgelehrte Anspielung auf das Alte Testament: Im ersten Buch Mose (37,28) verkaufen die Brüder Josef für zwanzig Silberstücke in die Sklaverei, und Jesus ist natürlich mehr wert. Und im Buch des Propheten Sacharja (11,12f.) kommt sogar die exakte Summe von dreissig Silberstücken vor.

Im Lauf der Jahrhunderte wurde über Judas viel gerätselt. Gemäss einer weit verbreiteten Theorie ist der Name Iskariot von lateinisch *sicarius*, Dolchmann, abzuleiten. Judas wäre in diesem Fall ein Zelot gewesen, ein Angehöriger der jüdischen Gruppe, die sich zum Ziel gesetzt hatte, die Römer mit Gewalt aus dem Land zu vertreiben. Er hätte sich Jesus angeschlossen, weil er hoffte, dass dieser sich an die Spitze einer politischen Aufstandsbewegung stellen würde. Und dann wurde er enttäuscht. Jesus war der Friedefürst. Aus dieser Enttäuschung heraus hätte sich die ursprüngliche Liebe in Hass verwandelt.

Andere haben vermutet, Judas habe durch seinen Verrat Jesus zwingen wollen, sich endlich als Messias zu offenbaren und das Joch der Römer abzuschütteln. Ich könnte auch von tiefenpsychologischen Interpretationen erzählen, etwa Judas als der «Schatten» Jesu. Ganz deutlich will ich aber sagen: Wir wissen es nicht. Die biblischen Texte sind zu wenig schlüssig. Und liebe Hörerin, lieber Hörer, wir müssen es auch nicht wissen.

Ganz anderes gibt zu denken: Einer der zwölf Jünger Jesu, einer von denen, die ihm am nächsten standen, verriet ihn. Ein anderer verleugnete ihn, als es gefährlich wurde, und alle sind geflohen. Es war unter anderem der Reformator Martin Luther, der darauf hinwies, dass auch der Kreis der engsten Jüngerschaft vor Verrat und Feigheit nicht gefeit war.

Auf diesem Hintergrund verbietet es sich, die Welt in zwei sich gegenseitig ausschliessende Lager einzuteilen: das Lager des Lichts und dasjenige der Finsternis, das Lager der Gläubigen und dasjenige der Ungläubigen, dasjenige der Guten und dasjenige der Bösen, der Heiligen und der Sünder usw., auch dasjenige derer, die im Besitz der Wahrheit sind, und dasjenige derer, die sich irren. Schwarzweissmalerei und Ausgrenzung der anderen ist problematisch und gefährlich und führt zu Selbstüberschätzung, Hochmut und Intoleranz, woraus oft Unmenschlichkeit hervorgeht. Die Erinnerung an Judas, den Verräter, sollte uns bescheiden machen. Denn in jedem von uns steckt ein kleiner oder sogar ein grosser Judas.

Doch zum Schluss zu einem anderen Punkt: Ich habe bereits die «Göttliche Komödie» Dantes erwähnt, wo Judas zuunterst in der Hölle für immer und ewig eingefroren ist. Gibt es denn für Judas keine Hoffung? In den biblischen Texten habe ich immerhin etwas Positives gefunden: Auch Judas ist beim letzten Abendmahl dabei. Auch er bekommt vom Brot und vom Wein und hört die Worte Jesu: «Nehmt, das ist mein Leib.» (Mk 14,22) Und: «Das ist mein Blut des Bundes, das vergossen wird für viele.» (Mk 14,24) Auch Judas empfing das Abendmahl. Auch er hörte die verheissungsvollen Worte.

Liebe Hörerin, lieber Hörer, ich will daraus nicht ableiten, dass Judas mit absoluter Sicherheit seine schwere Schuld vergeben worden ist. Mit einer solchen Aussage würde ich die mir als einem Menschen gesetzte Grenze überschreiten und etwas behaupten, wozu ich keine Vollmacht habe. Ich darf aber daran erinnern, dass Jesus selbst gemäss dem Lukas-evangelium für diejenigen, die ihn kreuzigten, gebetet hat: «Vater, vergib ihnen! Denn sie wissen nicht, was sie tun.» (Lk 23,34) Daraus möchte ich ableiten, dass auch wir jeden-falls für Judas beten dürfen: «Vater, vergib auch Judas; denn vielleicht hat auch er nicht gewusst, was er tat.» Und wir dür-fen für Judas hoffen, besonders auch im Wissen darum – ich habe schon darauf hingewiesen –, dass ja auch in jedem von uns ein kleinerer oder grösserer Judas steckt. Es wäre schlimm bestellt, wenn nur die Heiligen und Guten auf die göttliche Gnade hoffen dürften.

Ich habe damit ein Thema angeschnitten, das die Theologie seit bald 2000 Jahren beschäftigt, die Frage der sogenannten Allversöhnung. Von der Mehrzahl der Theologen wurde die-se abgelehnt. Man nahm lieber in Kauf, annehmen zu müssen, dass ein grösserer oder kleinerer Teil der Menschheit für alle Ewigkeit verdammt ist. Es gab aber immer auch andere Stim-men. Aus St. Gallen nenne ich die grosse Anna Schlatter, die im Jahr 1821 an einen deutschen Theologieprofessor schrieb, ihre «Lieblingshoffnung» sei, «dass das ganze Menschenge-schlecht [...] errettet werde»; am Kreuz habe Jesus «für die Welt» und «für seine Mörder» gebetet.

«Ach, dein Erbarmen kennet keine Schranken
Es übersteigt menschliche Gedanken»,

heisst es in einem ihrer tiefgründigsten Gedichte.[44]

Anna Schlatters väterlicher Freund, der Zürcher Theologe Johann Caspar Lavater, sagte zum Thema Allversöhnung, sie werde nur von Ketzern gelehrt, aber alle Christen hofften darauf.[45]

---

[44] Nach: Marianne Jehle-Wildberger, Anna Schlatter-Bernet 1773–1826. St. Gallen und Zürich 2003. S. 158.
[45] So der Kirchenhistoriker Fritz Blanke (1900–1967) mündlich.

Liebe Hörerin, lieber Hörer, dabei möchte ich es bewenden lassen und nicht selbst ein «Ketzer» werden, meine Predigt wohl aber damit schliessen: Ich bete und ich hoffe auch für Judas. Amen.

RADIOPREDIGT AM 19. MÄRZ 2006

Der «ungläubige» Thomas

Selig sind, die nicht sehen und doch glauben! (Joh 20,29)[46]

Liebe Hörerin, lieber Hörer! Wer an Ostern in einem Gottesdienst war oder den Fernseher oder das Radio einstellte, hat die Botschaft wieder einmal gehört: Gott erweckte Jesus von den Toten. Eine überschwänglichere Freudenbotschaft kann man sich nicht vorstellen. Aber Hand aufs Herz: Vielleicht nicht alle, aber einige unter uns – vielleicht sogar wir selbst – haben gelegentlich Glaubensmühen, Anfechtungen, Zweifel.

Es wäre schön, wenn man den Osterglauben teilen könnte. Wir alle möchten gern Ostermenschen sein, Männer und Frauen, die sich vom Glauben an den Sieg des Lebens über den Tod tragen und leiten lassen könnten. Wir könnten dann Bäume ausreissen oder Berge versetzen.

Aber ist, was wir an Ostern von der Auferstehung und dem ewigen Leben hörten, wirklich wahr? So vieles scheint dagegen zu sprechen.

Und damit stehen wir präzis vor der Geschichte aus dem Johannesevangelium, über die in der nachösterlichen Zeit an vielen Orten gepredigt wird. Es ist die Geschichte vom «ungläubigen» Thomas, wie man etwas missverständlich zu sagen pflegt. Hören wir zuerst die Geschichte:

Thomas aber, der Zwilling genannt wird, einer der Zwölf, war nicht bei ihnen, als Jesus kam. Da sagten die andern Jünger zu ihm: Wir haben den Herrn gesehen. Er aber sprach zu ihnen: Wenn ich nicht in seinen Händen die Nägelmale sehe und meinen Finger in die Nägelmale lege und meine Hand in seine Seite lege, kann ich's nicht glauben. Und nach acht Tagen waren seine Jünger abermals drinnen versammelt und Thomas war bei ihnen. Kommt Jesus, als die Türen verschlossen waren, und tritt mitten unter sie und spricht: Friede sei mit euch! Danach spricht er zu Thomas:

---

[46] Lutherbibel revidierter Text 1984. durchgesehene Ausgabe, © 1999 Deutsche Bibelgesellschaft, Stuttgart.

Reiche deinen Finger her und sieh meine Hände, und reiche deine Hand her und lege sie in meine Seite, und sei nicht ungläubig, sondern gläubig! Thomas antwortete und sprach zu ihm: Mein Herr und mein Gott! Spricht Jesus zu ihm: Weil du mich gesehen hast, Thomas, darum glaubst du. Selig sind, die nicht sehen und doch glauben! (Joh 20,24–29)[47]

So weit die Geschichte im Johannesevangelium. Es ist einer der bemerkenswertesten Ostertexte überhaupt, und zwar – meine ich –, weil er der Anfechtung und dem Zweifel Raum lässt.

Thomas, der an Ostern zunächst abwesend war, erfährt von den andern Jüngern, dass sie den Auferstandenen gesehen haben. Aber er kann damit wenig oder nichts anfangen. Er möchte selber sehen. Er möchte handgreifliche Beweise für die Osterbotschaft. «Wenn ich nicht in seinen Händen die Nägelmale sehe und meinen Finger in die Nägelmale lege und meine Hand in seine Seite lege, kann ich's nicht glauben.»

Liebe Hörerin, lieber Hörer, ich bin dankbar dafür, dass diese Geschichte im Johannesevangelium steht. Auch der Apostel Thomas hat gezweifelt! Das heisst, dass wir offenbar unsere eigenen Fragen und Zweifel nicht unterdrücken müssen. Ein Glaube, der das tut, wäre nur ein scheinbarer Glaube. Wir dürfen unsere Fragen und Zweifel aussprechen. Thomas ist der Stellvertreter vieler anderer, wenn es nötig ist, auch unser selbst. Er ist ein ehrlicher Mensch und macht sich und den andern nichts vor. Er gibt sich, wie er ist. Das macht die Beschäftigung mit ihm hilfreich.

Und noch etwas: Thomas äussert also gegenüber den andern Jüngern seine Glaubensmühen, seine Zweifel. Man könnte sich nun vorstellen, dass diese ihre Hände über dem Kopf zusammenschlagen würden. «Geht es noch? Das darfst du doch nicht! Wer an der Auferstehung Jesu auch nur leise zu zweifeln beginnt, trennt sich vom Heil und von der christlichen Gemeinschaft. So einer gehört ausgeschlossen oder ausgestossen.»

---

[47] Ebenda.

Im Johannesevangelium lesen wir nichts davon. Wer Glaubensschwierigkeiten hat, wird nicht fortgeschickt. Schwierigkeiten, Zweifel, Anfechtungen, offene Fragen, Schwächen usw. haben in einer christlichen Gemeinschaft Platz. Die Gemeinde trägt sie mit. Wo gegenüber Äusserungen des Zweifels Entrüstung laut wird, ist das nicht etwa Ausdruck eines besonders tiefen Glaubens, sondern eher ebenfalls der Anfechtung, der äusseren oder inneren Unsicherheit.

«Ich glaube! Hilf meinem Unglauben!» (Mk 9,24) So spricht der wirkliche Glaube selbst, der Glaube, der nicht selbstsicher, hochmütig und herablassend ist, sondern sich seiner eigenen Zerbrechlichkeit bewusst ist. «Durch Gottes Gnade [...] bin ich, was ich bin» (1Kor 15,10) und nicht kraft eigener Anstrengung und Leistung. Nur schon die ersten Sätze der Thomasgeschichte geben viel zu denken.

Wir sind aber noch lange nicht am Ziel! Als ich den Text vorlas, ist Ihnen vielleicht aufgefallen, dass Thomas während der Geschichte einen Lernprozess durchmacht. Wie die Bibel es erzählt, redet der auferstandene Jesus ihn persönlich an. Der Auferstandene macht ihm das Angebot, die Finger wirklich in die Wundmale zu legen und so in der Tat «handgreiflich» zu begreifen. Aber Thomas verzichtet darauf. Er lernt erkennen, dass der wahre Glaube nicht auf das Greifbare und nicht auf Beweise aus ist. Beweise zerstören ihn vielmehr. Die Haltung des «Ich glaube nur, was ich sehe» ist eine Sackgasse, die vom Glauben wegführt. «Selig sind, die nicht sehen und doch glauben!» Das ist der Gipfel, auf den die ganze Geschichte hinzielt. Wer nach mit Händen zu greifenden Beweisen für den Glauben sucht, bringt sich unweigerlich um das, worauf es ankommt. Es geht darum, das Vertrauen zu lernen und das Vertrauen zu bewahren.

Ich mache ein Beispiel aus einem völlig anderen Bereich, aus demjenigen der Musik. Viele von Ihnen kennen wohl die Oper «Così fan tutte» von Wolfgang Amadeus Mozart. Zwei verliebte junge Männer vertrauen ihren Bräuten nicht. Sie suchen Beweise dafür, dass die Frauen wirklich treu sind. Sie verkleiden sich und versuchen übers Kreuz je die Braut des anderen zu verführen – ein geradezu naturwissenschaftliches Experiment mit lebenden Menschen.

Sie wissen wohl, wie die Geschichte ausgeht. Es kommt, wie es kommen muss. Die Verführung gelingt. Die Liebe ist zerstört. In der letzten Inszenierung in der Zürcher Oper war die Szene dann auf einmal eine eisige Winterlandschaft. Mitten in einer Frühlingswelt fing es an zu schneien. Es war, wie wenn ein wunderschönes Gefäss zu Boden fällt, zersplittert und als Scherbenhaufen daliegt. Was zerbrochen ist, kann zwar allenfalls notdürftig zusammengeleimt werden, aber es wird nicht mehr ganz. Es ist nicht mehr das Gleiche.

Die beiden jungen Männer haben mit Händen zu greifende – eben naturwissenschaftliche – Beweise für die Liebe gesucht. Die Liebe ist zerbrochen. Das Experiment ist gescheitert. Experimente mit lebenden Menschen zerstören bloss, worauf man gehofft hat.

Zurück zum Predigttext, der Thomasgeschichte im Neuen Testament: Mit Thomas wäre es fast so weit gekommen. Zum Glück realisierte er aber beinahe im letzten Moment, dass es zerstörend ist, Glaubensbeweise zu verlangen. Er verzichtet darauf, die Finger in Jesu Wundmale zu legen, und stammelt nur leise: «Mein Herr und mein Gott!» – «Selig sind, die nicht sehen und doch glauben!»

Die so sonderbare Geschichte lädt uns zu einem Osterglauben ein, der den an und für sich begreiflichen Wunsch nach Beweisen fahren lässt und einfach schlicht vertraut. Das Leben ist trotz allem, was dagegen zu sprechen scheint, stärker als der Tod. Mit dem Apostel Paulus:

«Wir haben diesen Schatz aber in irdenen Gefässen, damit die Überfülle der Kraft Gott gehört und nicht von uns stammt. In allem sind wir bedrängt, aber nicht in die Enge getrieben, ratlos, aber nicht verzweifelt, verfolgt, aber nicht verlassen, zu Boden geworfen, aber nicht am Boden zerstört. Allezeit tragen wir das Sterben Jesu an unserem Leib, damit auch das Leben Jesu an unserem Leib offenbar werde.» (2Kor 4,7–10)

Wer mit diesem Vertrauen beginnt, kann wie Thomas in unserem Predigttext ein Wachsen im Glauben erfahren. Es gibt ein solches Wachsen im Glauben – am Anfang noch recht zaghaft, dann aber mit mehr Zuversicht und noch einmal mit mehr Zuversicht. Der Glaube hilft, den Kopf auch dann oben zu behalten, wenn einem der Wind ins Gesicht bläst. Darum möchte ich nur noch sagen: «Mein Herr und mein Gott!» Amen.

PREDIGT IM APRIL 2002

Das Lamm und das Buch mit den sieben Siegeln

Denn ich bin mir gewiss: Weder Tod noch Leben, weder Engel noch Mächte, weder Gegenwärtiges noch Zukünftiges noch Gewalten, weder Hohes noch Tiefes noch irgendein anderes Geschöpf vermag uns zu scheiden von der Liebe Gottes, die in Christus Jesus ist, unserem Herrn. (Röm 8,38f.)

Liebe Hörerin, lieber Hörer, von meinem Kollegen und Freund Dietrich Wiederkehr[48] haben Sie eben eine – wie ich meine – wunderbare Predigt gehört zum Thema Bilanz, wenn wir am Jahreswechsel Rückschau halten, das Erreichte und das Versäumte gegeneinander aufrechnen. Wichtig ist aus christlicher Sicht die uralte und immer wieder neue Botschaft, dass es vor Gott zutiefst und zuletzt nicht auf die schwarzen oder roten Zahlen ankommt. Der Gott des christlichen Glaubens ist nicht ein kalter Verhörrichter, sondern ein Richter, der vergibt. Er richtet nicht hin, sondern er richtet zurecht. «[...] ich habe dich bei deinem Namen gerufen, du gehörst zu mir.» (Jes 43,1) Gott spricht dich und mich mit Du an. Es ist schön, dass katholische und evangelische Theologie heute an diesem Punkt restlos miteinander übereinstimmen, nachdem man während Jahrhunderten teilweise aneinander vorbei geredet und damit der Glaubwürdigkeit des Christentums schweren Schaden zugefügt hat.
Die ökumenische Bewegung war das wichtigste kirchengeschichtliche Ereignis des zwanzigsten Jahrhunderts. Wir dürfen nicht dahinter zurückgehen. Für das Erreichte bin ich dankbar. Und ich hoffe sehr, dass im einundzwanzigsten Jahrhundert noch Weiteres an diesem Punkt erreicht werden kann, weil es eben nötig ist. «Ist der Christus zerteilt?», hat der Apostel Paulus im ersten Korintherbrief ausgerufen, als die verschiedenen christlichen Gruppen in der von ihm gegründeten

---

[48] Der Inhalt war abgesprochen mit dem Autor der unmittelbar
vorher ausgestrahlten Predigt des römisch-katholischen Theologen
Prof. Dr. Dietrich Wiederkehr, o.f. cap., Luzern.

Gemeinde in Streit miteinander geraten waren. (1Kor 1,13) «[...] dass sie alle eins seien, [...] und so die Welt glaubt», betet Jesus am Vorabend seines Todes im Johannesevangelium (Joh 17,21). Die ökumenische Bewegung ist und bleibt für mich eine grosse Hoffnung.

Liebe Hörerin, lieber Hörer, mit dem Ausdruck Hoffnung habe ich nun aber ein Wort in den Mund genommen, das auch sonst zum Neujahr passt. All die vielen Menschen, die um Mitternacht den Wechsel vom Jahr 2003 zum Jahr 2004 begangen haben – sei es mit lautem Feuerwerk, sei es auch ganz leise wie gute Freunde von mir hoch oben auf einer Alp im Kanton Graubünden weit weg von aller städtischen Zivilisation –, alle haben nicht nur Bilanz gezogen, sondern auch in die Zukunft geblickt. Was bringt das neue Jahr sowohl öffentlich als auch persönlich? Wie steht es mit Terroranschlägen? Ist Friede möglich? Nimmt die Zahl der Arbeitslosen zu oder ab? Wie geht es mit uns selbst, mit unserer Familie weiter? Bleibe ich gesund? Oder werde ich wieder gesund? Pessimistische und optimistische Gefühle und Stimmungen wechseln miteinander ab. Die Zukunft liegt als verschlossenes Buch vor uns; um ein biblisches Bild aus der Johannesoffenbarung aufzugreifen: als Buch mit sieben Siegeln.

Ich möchte die entsprechende Bibelstelle vorlesen – leicht gekürzt. Der Seher schreibt:

Und ich sah in der Rechten dessen, der auf dem Thron sass, eine Buchrolle [...], versiegelt mit sieben Siegeln. Und ich sah einen starken Engel, der mit lauter Stimme rief: Wer ist würdig, das Buch zu öffnen und seine Siegel zu lösen? Und niemand im Himmel oder auf der Erde oder unter der Erde vermochte das Buch zu öffnen und hineinzuschauen. Und ich weinte sehr [...]. (Offb 5,1–4)

Es ist ein ergreifendes Bild, das Ratlosigkeit gegenüber der Zukunft ausdrückt. Aber dann geht es weiter:

Und ich sah zwischen dem Thron [...] ein Lamm stehen, das geschlachtet zu sein schien [...]. Und es kam und empfing das

Buch aus der Rechten dessen, der auf dem Thron sass. Und als es das Buch empfangen hatte, fielen [alle] nieder. [...] Und sie singen ein neues Lied: Würdig bist du, das Buch zu empfangen und seine Siegel zu öffnen, denn du bist geschlachtet worden und hast erkauft mit deinem Blut für Gott Menschen aus jedem Stamm und jeder Sprache, aus jedem Volk und jeder Nation. [...] Und ich schaute und vernahm die Stimme vieler Engel rings um den Thron [...], und ihre Zahl war Myriaden über Myriaden und tausend und abertausend, und sie verkündeten mit lauter Stimme: Würdig ist das Lamm, das geschlachtet ist, zu empfangen Macht und Reichtum und Weisheit und Kraft und Ehre und Preis und Lob. (Offb 5,6–12)

Der Text ist damit noch nicht zu Ende. Ich denke aber, wir haben genug gehört von dieser Himmelsszene mit diesem Engelskonzert, einer Szene, die übrigens viele Künstler zu wundervollen Bildern und Kompositionen angeregt hat. So ungewohnt die Sprache der Johannesoffenbarung für die meisten heutigen Menschen ist, so deutlich ist, was sie sagen will: Mit dem Lamm, das – wie es ein wenig seltsam heisst – «zwischen dem Thron [...] geschlachtet zu sein schien», ist Jesus Christus gemeint, der Gekreuzigte und Auferstandene, der freiwillig den Tod auf sich nahm, um Menschen «aus jedem Stamm und jeder Sprache, aus jedem Volk und jeder Nation» für Gott zu «erkaufen», wie es betont überschwänglich heisst.

In der neutestamentlichen Wissenschaft wird die Johannesoffenbarung unterschiedlich beurteilt, was wohl damit zusammenhängt, dass das letzte Buch der Bibel vielstimmig ist. Die einen nehmen vor allem die Gerichtsszenen wahr und die Katastrophenbilder und werfen dem Buch vor, es sei zu wenig christlich. Ich denke aber, dass der andere Aspekt überwiegt, der unter anderem gerade in dieser Himmelsvision zum Ausdruck kommt. Ich möchte diesen Aspekt als einen unverwüstlichen, dazu die ganze Welt umspannenden Optimismus bezeichnen. Die Johannesoffenbarung leugnet das Finstere, Unmenschliche und Gefährliche in dieser Welt zwar nicht. Sie ist aber davon überzeugt, dass Gott am Ende grösser und mächtiger ist. Das Christusereignis ist bereits der entschei-

dende Durchbruch gewesen. Es sind nur noch Rückzugs-
gefechte, die wir vom Widergöttlichen und Bösen erfahren.
Tod und Teufel haben nicht das letzte Wort.

Und ganz eindrücklich und ermutigend dünkt mich die Aussage, dass es Jesus Christus ist, der dieses geheimnisvolle Buch
mit den sieben Siegeln auftut. Natürlich, auch als Christinnen
und Christen sind wir nicht zum Hellsehen begabt. Wir wissen nicht, was das neue Jahr uns selbst und der ganzen Welt
bringen wird. Und wir wissen noch weniger, wie die Geschichte
im einundzwanzigsten Jahrhundert weitergehen wird. Im
Glauben dürfen wir aber davon ausgehen, dass das, was mit
dem Tod und der Auferstehung Jesu seinen Anfang genommen hat, auch im neuen Jahr und im ganzen einundzwanzigsten Jahrhundert seine Fortsetzung finden wird. Was mit Jesus
begann, ist nicht zu Ende.

Es lohnt sich deshalb, sich ins Gedächtnis zu rufen, wie das
denn mit Jesus war. Man kann nicht genug davon erzählen,
wie er sich Kranken zuwandte, wie er nicht davor zurück-
schreckte, mit psychisch Verwirrten zu sprechen, wie er Grenzen überschritt, indem er von Zöllnern eine Einladung zum
Essen in ihrem Haus entgegennahm, obwohl sie als Landes-
verräter galten, wie er sich von Prostituierten berühren liess
und wie er Menschen um sich sammelte, die aus ganz verschiedenen Bevölkerungsgruppen kamen: Fromme und weniger Fromme, Schüchterne und Mutige, solche aus wohlha-
benden Familien und besonders auch wirklich Elende,
Unterdrückte, Arme – etwa Frauen, die von ihren Ehemän-
nern wegen Kinderlosigkeit verstossen worden waren.

Liebe Hörerin, lieber Hörer, ich weiss einen guten Vorsatz für
das neue Jahr: Lesen Sie doch wieder einmal ein ganzes Evangelium vom Anfang bis zum Ende durch – wenn Sie sich wenig zutrauen, das kürzeste, das Markusevangelium, wenn Sie
schon etwas fortgeschrittener und bibelkundiger sind, das
Matthäus-, das Lukas- oder auch das Johannesevangelium.
Um jetzt nur einmal beim Markusevangelium zu bleiben: Fast
am Anfang finden Sie dort Heilungsgeschichten, besonders
schön in Kapitel 2 (Verse 1–12) die Geschichte vom Gelähm-

ten, der von seinen Freunden auf einer Tragbahre zu Jesus gebracht wird. Da so viele Leute Jesus belagern, dass es nicht möglich ist, durch die Haustüre zu treten, steigen sie auf das Dach des Hauses, in dem Jesus sich aufhält, decken es ab und lassen die Tragbahre von oben zu Jesus hinunter. Eine in Erinnerung bleibende Szene! Einige Seiten später stossen Sie auf die symbolkräftige Geschichte vom Sturm auf dem See, da Jesus die Wogen glättet und die Seinen zum Glauben – d.h. zum Gottvertrauen – aufruft: «Was seid ihr so furchtsam? Habt ihr noch keinen Glauben?» (Mk 4,40) Ein Jesuswort, das besonders gut im Hinblick auf das neue Jahr passt! Als Christinnen und Christen müssen wir uns nicht von der Angst lähmen und zu Boden drücken lassen.

Deshalb zurück zur Szene vom Buch mit den sieben Siegeln: Das Lamm darf das Buch der Zukunft nehmen und seine Siegel öffnen. Mit diesem Bild wird die ganze uns Menschen verborgene Zukunft in ein neues Licht gerückt: Die Zeit, in die wir hineinschreiten – oder die Zeit, die auf uns zukommt –, liegt in den Händen dessen, der am Kreuz gestorben und auferstanden ist. Es ist eine durch Christus qualifizierte Zeit – unabhängig davon, was sie konkret mit sich bringt. Darum müssen wir keine Angst vor der Zukunft haben, auch wenn uns keineswegs verheissen ist, dass wir keine Schwierigkeiten und Probleme haben werden. Das ist ja genau der Sinn der bekannten Schreckensszenen in der Johannesoffenbarung: Das letzte Buch der Bibel – und die Bibel überhaupt – verspricht uns nicht das Schlaraffenland oder ein Tischleindeckdich für das neue Jahr, wohl aber, dass auch im weniger Erfreulichen und im Belastenden und Bedrohlichen Christus selbst bei uns ist.

Mit dem Apostel Paulus im Römerbrief:

«Denn ich bin mir gewiss: Weder Tod noch Leben, weder Engel noch Mächte, weder Gegenwärtiges noch Zukünftiges noch Gewalten, weder Hohes noch Tiefes noch irgendein anderes Geschöpf vermag uns zu scheiden von der Liebe Gottes, die in Christus Jesus ist, unserem Herrn.» (Röm 8,38f) Amen.

ALLEIN AUS GNADE

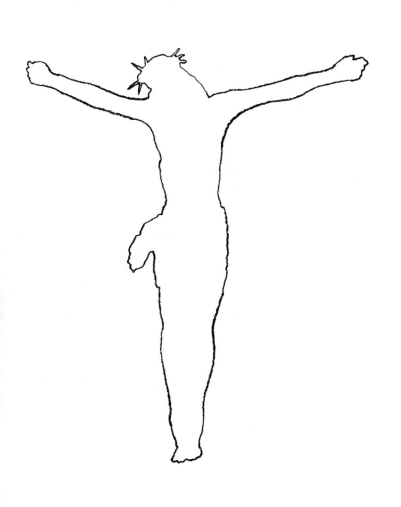

Nicht auf Grund unseres Verdienstes

Jetzt aber ist unabhängig vom Gesetz die Gerechtigkeit Gottes offenbart worden, bezeugt vom Gesetz und von den Propheten: die Gerechtigkeit Gottes aus dem Glauben an Jesus Christus, offenbart für alle, die glauben. Denn es gibt keinen Unterschied: Alle haben gesündigt und die Herrlichkeit Gottes verloren. Ohne es verdient zu haben, werden sie gerecht, dank seiner Gnade, durch die Erlösung in Christus Jesus. Ihn hat Gott dazu bestimmt, Sühne zu leisten mit seinem Blut, Sühne, wirksam durch Glauben. So erweist Gott seine Gerechtigkeit durch die Vergebung der Sünden, die früher, in der Zeit seiner Geduld, begangen wurden; er erweist seine Gerechtigkeit in der gegenwärtigen Zeit, um zu zeigen, dass er gerecht ist und den gerecht macht, der an Jesus glaubt. Kann man sich da noch rühmen? Das ist ausgeschlossen. Durch welches Gesetz? Durch das der Werke? Nein, durch das Gesetz des Glaubens. Denn wir sind der Überzeugung, dass der Mensch gerecht wird durch Glauben, unabhängig von Werken des Gesetzes. (Römer 3, 21–28)[49]

Liebe Gemeinde aus Universität und Stadt, meine diesjährige Adventspredigt fange ich an, indem ich von einem Ereignis erzähle, das mich tief berührt hat. In den letzten Oktobertagen wurde in Augsburg die Gemeinsame Erklärung über die Rechtfertigungslehre von Vertretern des Vatikans und des lutherischen Weltbunds feierlich unterzeichnet. Als Delegierter des Schweizerischen Evangelischen Kirchenbunds durfte ich persönlich dabei sein. Ich könnte viel erzählen – vom Festakt im Goldenen Saal des Rathauses, von der abendlichen Vesper in der Kirche St. Ulrich und St. Afra, von den Gottesdiensten am Sonntagmorgen zuerst im katholischen Dom und dann in der evangelischen Kirche St. Anna. Herrliche Kirchenmusik, ein-

---

[49] Die Bibel. Einheitsübersetzung der Heiligen Schrift © 1980 Katholische Bibelanstalt, Stuttgart.

drückliche Reden, gemeinsame Gebete, eine Prozession durch die Stadt, bei der die Bevölkerung Spalier stand. Die Anteilnahme der Augsburgerinnen und Augsburger war so gross, dass die feierliche Unterzeichnung in ein Zelt übertragen werden musste, wo 2000 Menschen das Geschehen bewegt verfolgten. Spontaner Applaus brach aus, als Kardinal Cassidy und Bischof Kasper aus Rom und die verschiedenen lutherischen Repräsentanten aus der ganzen Welt – nicht nur aus Deutschland, sondern auch aus Afrika, Asien und Lateinamerika – das Dokument unterschrieben. «Allein aus Gnade im Glauben an die Heilstat Christi, nicht auf Grund unseres Verdienstes, werden wir von Gott angenommen und empfangen den Heiligen Geist, der unsere Herzen erneuert und uns befähigt und aufruft zu guten Werken.»[50] Das ist die entscheidende Schlüsselformulierung, an der theologische Experten beider Kirchen während Jahren gefeilt haben. Wichtig ist, dass die Gemeinsame Offizielle Feststellung zur Gemeinsamen Erklärung die «volle Kirchengemeinschaft» der verschiedenen Konfessionskirchen als «Einheit in Verschiedenheit» definiert, «in der verbleibende Unterschiede miteinander ‹versöhnt› würden und keine trennende Kraft mehr hätten».[51] Das heisst, Ökumene bedeutet nach diesem zukunftsweisenden Papier nicht einen religiösen Einheitsbrei, sondern «versöhnte Verschiedenheit», wie mich dünkt: eine sehr schöne Wendung. Die einzelnen Kirchen dürfen ihren Traditionen treu bleiben. Sie müssen sich ihrer eigenen Vorfahren nicht schämen und können dennoch aufeinander zu und miteinander weitergehen. Wie der katholische Theologe Heinrich Fries es schon vor Jahren formulierte: «Das Anderssein des andern wird nicht als Fremdheit und Feindseligkeit erfahren, sondern als Gewinn: Es ist gut, dass du da bist; durch dich wird mein Eigenes reicher; ich wäre ärmer ohne dich.»[52] Papst Johannes

---

[50] Dokumente wachsender Übereinstimmung. Band III. 1990–2001. Herausgegeben und eingeleitet von Harding Meyer, Damaskinos Papandreou, Hansjörg Urban und Lukas Vischer. Paderborn und Frankfurt a. M. 2003, S. 423.

[51] Ebenda, S. 438.

[52] Heinrich Fries und Karl Rahner, Einigung der Kirchen – reale Möglichkeit. Freiburg i. Br. 1983, S. 126.

Paul II. bezeichnete noch am gleichen 31. Oktober in einer Rede in Rom die Gemeinsame Erklärung über die Rechtfertigungslehre als einen Meilenstein im ökumenischen Dialog. Meilenstein bedeutet: Wir sind noch nicht am Ziel, sondern immer noch unterwegs – aber wir sind weitergekommen. Noch vor zwanzig Jahren wäre das Ereignis völlig undenkbar gewesen. Ein Vertreter des Luthertums brauchte das Wort «Doppelpunkt». Das heisst, weitere Schritte müssen und werden folgen. Viele haben den sehnlichen Wunsch nach eucharistischer Gastfreundschaft, die es nach der offiziellen Lehre der katholischen Kirche bis heute nur in eng umgrenzten Ausnahmefällen gibt.

Der heutige Predigttext wurde von Professor Dr. Rainer Schweizer, dem Lektor in unserem Gottesdienst, gewählt.[53] Ich bin dankbar dafür. Die Verse aus dem Römerbrief des Apostels Paulus geben mir die Gelegenheit, von Augsburg zu erzählen. «Denn wir sind der Überzeugung, dass der Mensch gerecht wird durch Glauben, unabhängig von Werken des Gesetzes.» (Röm 3,28) Der Schlusssatz des gelesenen Textes ist ja gewissermassen der «Pate» der Gemeinsamen Erklärung. Während Jahrhunderten stritten Rom und die Protestanten über seine Auslegung. Doch jetzt wurde das Kriegsbeil an diesem Punkt begraben. Nicht nur die Lutheraner, sondern auch Rom betonen das «allein aus Gnade im Glauben» geradezu als die Quintessenz des ganzen Christentums. Natürlich, von uns Menschen wird auch erwartet, dass wir gute Werke tun. Diese Werke sind aber nicht eine Bedingung, sondern die Früchte des Heils – Früchte der Gnade.

Vor einigen Wochen sagte jemand in St. Gallen zu mir: Da hätten sich die Protestanten in Augsburg aber von Rom über den Tisch ziehen lassen! Ich sehe es eher umgekehrt. Rom ist zwar nicht über den Tisch gezogen worden. Rom hat aber an einem ganz entscheidenden Punkt dem Reformator Martin

---

[53] Rainer J. Schweizer ist Ordinarius für Öffentliches Recht einschliesslich Europarecht und Völkerrecht an der Universität St. Gallen.

Luther nach beinahe 500 Jahren recht gegeben. Ich meine, darüber dürfen sich alle freuen.

Ich denke, vielen ist bekannt: In Augsburg war die Freude gross. Daneben hörte man aber auch Kritik. Kardinal Ratzinger glänzte auf der einen Seite durch Abwesenheit. Auf der andern Seite hatten viele lutherische Professoren in Deutschland eine schlechte Laune.[54] Die Zeitschrift «Reformierte Presse» höhnte über den Anlass, das Ganze sei weiter nichts als eine «gut inszenierte PR-Aktion» der Kirchen. Und manchmal hörte man auch: Die Lehre von Rechtfertigung «allein aus Gnade im Glauben» sei ohnehin nicht mehr zeitgemäss. Der Apostel Paulus und sein Römerbrief seien eh veraltet. Heute brauche es soziales Engagement und nicht die Predigt von der Gnade. Dazu möchte ich jetzt etwas sagen.

Liebe Gemeinde, ich wiederhole sowohl den Kernsatz aus dem Römerbrief als auch die Schlüsselstelle der Augsburger Erklärung: «Denn wir sind der Überzeugung, dass der Mensch gerecht wird durch Glauben, unabhängig von Werken des Gesetzes.» «Allein aus Gnade im Glauben an die Heilstat Christi, nicht auf Grund unseres Verdienstes, werden wir von Gott angenommen und empfangen den Heiligen Geist, der unsere Herzen erneuert und uns befähigt und aufruft zu guten Werken.» Persönlich bin ich der Auffassung, dass im Gegensatz zu vielen Unkenrufen diese Botschaft gerade in der heutigen Zeit besonders aktuell ist. Denn das scheint mir eines der grössten Probleme unserer Zeit zu sein: Viele, wenn nicht je auf ihre Art sogar alle, stehen unter einem grossen Leistungsdruck, was damit zusammenhängt, dass unsere Stellung und unser Ansehen in der Gesellschaft in erster Linie durch das, was wir tun, bestimmt wird. Ich denke an einen Studenten unserer Universität, der während einiger Zeit bei mir wohnte. Da er eine sehr sympathische Erscheinung ist, hatte er, kaum war er als Erst-

---

[54] Vgl. dazu das Votum der Hochschullehrer zur ‹Gemeinsamen Erklärung zur Rechtfertigungslehre› vom Januar 1998. In: Materialdienst des Konfessionskundlichen Instituts Bensheim 2, 1998, S. 33f. In diesem Votum trugen 165 evangelische Theologen ihre Bedenken vor und warnten vor einer Unterzeichnung.

semester nach St. Gallen gekommen, einen grossen Freundeskreis. Er war allgemein beliebt. Doch dann schaffte er das erste Vordiplom nicht. Und auf einmal war er recht allein. Kolleginnen und Kollegen, die vorher oft geklingelt hatten, gingen nun am Haus vorbei. Sie wollten nicht mit einem offenbar Erfolglosen verkehren. Gerade an einer Universität kommt es sehr darauf an, wie jemand auch akademisch mitkommt.

Ähnlich verhält es sich in der Berufswelt. Je anspruchsvoller die Tätigkeit ist, die jemand ausübt, desto mehr zählt die Leistung. Aus Amerika, das uns in solchen Dingen ja immer etwas «voraus» ist, wird erzählt: Manche in der Wirtschaft Tätige wagen es nicht, die ihnen zustehenden Urlaubstage einzuziehen. Denn schon mehrfach soll es vorgekommen sein: Da ging jemand für acht oder vierzehn Tage weg. Als er wieder am Arbeitsplatz erschien, war der Schreibtisch ausgeräumt. Ein anderer sass da. «Hire and fire», «anstellen und entlassen». Wenn ich es recht beobachte, nimmt diese Tendenz im Zeichen der Globalisierung auch im gemütlicheren Europa zu. Vor allem ältere Arbeitnehmerinnen und Arbeitnehmer auf allen Stufen leiden unter dieser Situation, auch wenn man nicht gern darüber spricht. Seelsorger, Psychologen und Psychiater wissen ein Lied davon zu singen.

Ich will das jetzt nicht weiter ausmalen. Ich denke aber: Gerade auf diesem Hintergrund ist das nun wirklich eine gute und frohe Botschaft: Der Gott des christlichen Glaubens ist ein gnädiger Gott. Er liebt uns an und für sich und nicht wegen einer erbrachten Leistung. Er liebt die Person und nicht das Werk. Er liebt bereits den Säugling, der noch mit Haut und Haar auf Pflege und Hilfe angewiesen ist. Er liebt aber auch die Alzheimerpatientin im Pflegeheim, die ihre eigenen Kinder nicht mehr kennt. Er liebt natürlich auch den erfolgreichen Nobelpreisträger, aber ebenso Arbeitslose und Behinderte und Prüfungsversager. Das Wort Gerechtigkeit – das war die grosse Entdeckung des jungen Theologieprofessors Martin Luther vor allem am Römerbrief –, das Wort Gerechtigkeit hat in der Bibel eine andere Bedeutung als in der griechisch-römischen Tradition. In der Nachfolge des Philosophen Aristoteles nannten Griechen und Römer einen Richter gerecht, der nüchtern und distanziert – frei von jeder Emotionalität – jedem präzis das Seine zuteilt: Die Guten werden belohnt und die Bösen mitleidlos bestraft. In der Bibel hat ein gerechter Richter andere Eigenschaften: Er lässt sich selbst berühren und setzt sich für die schwächere Partei ein. Er steht nicht neutral gewissermassen auf einem höheren Podest. Sondern er geht besonders auf den Chancenlosen zu und ermöglicht ihm einen neuen Anfang. Bereits im Alten Testament gilt das auch von Gott. Eine eindrückliche Stelle habe ich in den Psalmen gefunden:

> «Denke, HERR, an deine Barmherzigkeit
>> und deine Gnaden, die seit Ewigkeit sind.
> Denke nicht an die Sünden meiner Jugend noch an meine Verfehlungen,
>> nach deiner Gnade denke an mich
>> um deiner Güte willen, HERR.
> Gut und gerecht ist der HERR,
>> darum weist er den Sündern den Weg.» (Ps 25,1–8)

Bemerkenswert und überaus typisch an diesen Versen ist, dass die Wörter Gerechtigkeit und Güte und Barmherzigkeit und Gnade sich wechselseitig interpretieren. Sie verschwimmen geradezu ineinander. Gerechtigkeit Gottes und Gnade und Barmherzigkeit Gottes sind keine sich gegenseitig ausschliessende Gegensätze, sondern sie sind zutiefst und zuletzt – in Gottes Herz – identisch.

Liebe Gemeinde aus Universität und Stadt, man müsste jetzt natürlich noch viel sagen – vor allem über die praktischen Folgen der Rechtfertigungslehre «allein aus Gnade». Wer sich selbst die Botschaft von der Gnade und Barmherzigkeit Gottes sagen und sich damit aufrichten und motivieren lässt, wird hoffentlich selbst gnädig und barmherzig. Ich kann nicht mir selbst Barmherzigkeit widerfahren lassen und dann unbarmherzig sein. Das müsste man in vielen Lebensbezügen überdenken. Ich lade alle ein, es für sich zu tun. – Aber heute wollen wir nun den Advent – die gnädige Ankunft Gottes in dieser

Welt – miteinander feiern. Allen wünsche ich in den kommenden Wochen viel Freude und eine gute Festzeit. Amen.

PREDIGT IM ÖKUMENISCHEN
UNIVERSITÄTSGOTTESDIENST AM 30. NOVEMBER 1999

Allein durch den Glauben

So halten wir nun dafür, dass der Mensch gerecht wer-
de ohne des Gesetzes Werke, allein durch den Glauben.
(Röm 3,28)[55]

Ich weiss nicht, ob Sie «Die Abenteuer Tom Sawyers» kennen,
dieses wunderbare, auch für Erwachsene lesenswerte Kinder-
buch von Mark Twain. Wenn nicht, lesen Sie es doch einmal!
Und wenn ja, lesen Sie es wieder! Mit Recht wird es zu den
herausragenden Werken der amerikanischen Literatur des aus-
gehenden 19. Jahrhunderts gezählt. Nun, ich habe vor kurzem darin eine spannende und symbolkräftige Szene neu gefunden:

Tom Sawyer ist in eine Tropfsteinhöhle eingedrungen. Im
Kerzenlicht staunt er über die merkwürdigen Gesteinsforma-
tionen, die seltsamen Wasserfälle, die verborgenen Teiche usw.
Doch plötzlich hat er sich in dieser abgelegenen Welt verirrt.
Er sucht den Ausgang und entfernt sich immer weiter davon.
Die Lage wird hoffnungslos. Besonders angsterregend ist die
Begegnung mit Fledermäusen. In ihrem Schlaf gestört, flattern
sie herum und bringen Toms Kerze zum Verlöschen. In der
stockfinsteren Nacht ist es wenig wahrscheinlich, dass Tom
aus der scheinbar ausweglosen Lage gerettet werden kann.

Doch, wenn ich so sagen darf, ein Wunder geschieht: Gerade weil es finster ist, kann der bereits verzweifelte Tom einen
Lichtstrahl wahrnehmen, der von aussen kommt. Tom geht
diesem Lichtstrahl nach und findet den Ausweg. Bei Kerzenlicht wäre der Lichtstrahl unsichtbar gewesen. Die extreme
Dunkelheit ist die Voraussetzung der Rettung.

Liebe Hörerin, lieber Hörer! An diesem Sonntag denkt man
in der ganzen protestantischen Welt an die Reformation Martin Luthers, die im Jahr 1517 mit seinen Thesen über den Ab-
lass angefangen hat. Ich denke, dass die eben erzählte Szene
aus «Den Abenteuern Tom Sawyers» uns helfen kann, besser

---

[55] Lutherbibel von 1912.

zu verstehen, was damals in Luthers Leben Epochemachendes passiert ist.

Martin Luther war als junger Mensch Mönch in einem Kloster. Und zwar war er ein sehr frommer Mönch. Seine Mitbrüder bewunderten ihn und vertrauten ihm bald höhere Ämter und Leitungsfunktionen an. Er nahm die Satzungen seines Ordens ernst. Er war aber zugleich ein feinfühliger und gewissenhafter Mensch. Je höher er in seinem Orden aufstieg und je mehr die andern mit Hochachtung zu ihm emporschauten, desto mehr wurde ihm selbst bewusst, wie weit er von seinem Ideal entfernt war.

Er beging zwar keine groben Sünden. Lug und Trug, Raub und Totschlag waren ihm fremd. Er beobachtete sich aber selbst und nahm wahr, dass es auch weniger offensichtliche Sünden gibt. Am schlimmsten ist vielleicht, wenn man sich besser als die andern dünkt oder wenn man ungeduldig oder ehrgeizig ist, vielleicht auch übertrieben kritisch und dann lieblos. Martin Luther stellte bei sich fest, dass es ihm nicht möglich war, diese seiner Umwelt verborgenen Sünden zu überwinden.

In einem seiner Kirchenlieder hat Luther seine Lage am Vorabend der Reformation bildhaft dargestellt:

«Dem Teufel ich gefangen lag;
im Tod war ich verloren;
mein Sünd mich quälte Nacht und Tag,
darin ich war geboren.
Ich fiel auch immer tiefer drein;
es war nichts gut am Leben mein;
die Sünd hatt' mich besessen.

Mein guten Werk, die galten nicht,
mit ihnen war's verdorben; [...].
Die Angst mich zu verzweifeln trieb,
dass nichts denn Sterben bei mir blieb;
zur Hölle musst ich sinken.»[57]

---

[56] Gesangbuch der Evangelisch-reformierten Kirchen der deutschsprachigen Schweiz, Basel und Zürich 1998, Nr. 273, 2–3.

Um mich zu wiederholen: Der dies schrieb, war mit gewöhnlichen Augen beobachtet kein schlimmer Sünder. Er war aber ehrlich und sensibel. Es war ihm nicht möglich, sich selbst zu betrügen und sich in einem bessern Licht wahrzunehmen, als es wirklich war. «Es ist doch unser Tun umsonst / auch in dem besten Leben», dichtete er in einem andern Lied.[57] Der junge, von aussen gesehen so untadelige und fromme Mönch machte Höllenqualen durch. Es ging ihm gleich wie Tom Sawyer, von dem ich vorhin erzählte. Es war dunkle Nacht um ihn, und er sah keinen Ausweg. Aber auch hier geschah, wenn ich noch einmal so sagen darf, ein Wunder: Luther sah keine Möglichkeit, sich selbst zu helfen. Gerade darum sah er aber ein ganz anderes Licht, ein Licht, das er wohl nicht wahrgenommen hätte, wenn er nicht so verzweifelt gewesen wäre. Es war das Licht des Evangeliums. «Ich bin das Licht der Welt», sagt Jesus im Johannesevangelium (Joh 8,12).

Nur weil Luther so sensibel war, konnte er überhaupt sehen, wie selbstbetrügerisch es ist, anzunehmen, man müsse sich nur etwas mehr Mühe geben, und dann werde alles automatisch gut. Von uns aus wird es überhaupt nicht gut. Aber da ist eine ganz andere Instanz, eine überraschend liebevolle Instanz, die für uns da ist, ohne irgendwelche Bedingungen zu stellen.

Im tiefsinnigsten seiner Weihnachtslieder hat Luther gedichtet:

«Das ewig Licht geht da herein,
gibt der Welt ein neuen Schein;
es leucht' wohl mitten in der Nacht [...].»[58]

Genau wie Tom Sawyer in der Tropfsteinhöhle ging Luther ein Licht auf.

Besonders wichtig wurde für Luther der Römerbrief des Apostels Paulus, dessen berühmten Vers 28 im dritten Kapitel er folgendermassen übersetzte: «So halten wir nun dafür, dass

---

[57] Ebenda, Nr. 83, 2.
[58] Ebenda, Nr. 392, 4.

der Mensch gerecht werde ohne des Gesetzes Werke, allein durch den Glauben.» Das heisst: Aus eigener Kraft können wir Menschen das Heil nicht erlangen. Aber wir müssen es auch nicht. Gott ist bedingungslos für uns da. Es geht nur darum, dass wir das akzeptieren, dass wir die Hand ergreifen, die Gott uns hinstreckt.

Liebe Hörerin, lieber Hörer! Ist das nicht zu bequem? So wurde im Zusammenhang mit Luthers umstürzender reformatorischer Erkenntnis schon häufig gefragt – bereits damals im 16. Jahrhundert, aber auch noch später. Wenn man einfach Gottes Hand ergreifen muss, kann man dann nicht leichtfertig und oberflächlich werden? Wo kämen wir hin, wenn die Menschen sich keine Mühe geben müssten?

In aller Kürze möchte ich dazu sagen: Das ist ein grobes Missverständnis. Wenn es sich wirklich so verhält, dass Gott uns seine barmherzige Hand völlig umsonst anbietet, dann ist doch gar nichts anderes möglich, als dass unsere ganze Existenz dadurch auf einen neuen Grund gestellt wird und dass wir selbst verwandelt werden. Was wäre das für ein Mensch, der etwas ganz Grosses geschenkt bekommt und anschliessend weiter lebte, als wäre nichts geschehen?

Ich wiederhole den berühmten Satz aus dem Römerbrief: «So halten wir nun dafür, dass der Mensch gerecht werde ohne des Gesetzes Werke, allein durch den Glauben.» Glaube im Sinne des Apostels Paulus und nun eben Martin Luthers bedeutet nicht einfach ein Für-wahr-Halten, das keine Konsequenzen zeitigt, etwas nur Intellektuelles, sondern Glaube ist ein existentieller Akt des ganzen Lebens.

Glaube im Sinne des Apostels Paulus und nun eben Martin Luthers ist, wie wenn eine Mutter zu ihrem Sohn oder ihrer Tochter sagt: «Ich glaube an dich!», und wenn der Sohn oder die Tochter sich durch diesen Satz für das ganze Leben ermutigt weiss.[59]

Ich habe vorhin aus dem Johannesevangelium das Christuswort zitiert: «Ich bin das Licht der Welt.» Die Fortsetzung

[59] Vgl. Frank Jehle, Emil Brunner. Theologe im 20. Jahrhundert. Zürich 2006, S. 47.

jener Stelle lautet: «Wer mir folgt, wird nicht in der Finsternis umhergehen, sondern das Licht des Lebens haben.» (Joh 8,12) Das heisst, dass es auch um eine neue – um eine erneuerte – Lebensweise geht. Oder wie Jesus an einer anderen Johannesstelle sagt: «Wer an mich glaubt, aus dessen Leib werden […] Ströme lebendigen Wassers fliessen.» (Joh 7,38) Durch mich und Sie hindurch fliesst der Strom der göttlichen Liebe weiter.

Tom Sawyer, von dem ich am Anfang sprach, war ein rechter Lausbub. Wie das Buch weiter erzählt: Ein langweiliger Tugendbold ist er auch nach seiner Rettung nicht geworden. Das Erlebnis in der Tropfsteinhöhle liess ihn aber doch etwas erwachsener – und das heisst: verantwortungsbewusster – werden.

Und das, denke ich, ist, was die klassisch reformatorische Lehre von der Rechtfertigung allein durch den Glauben ebenfalls bedeutet. Auch Sie und ich werden nach der Erfahrung der unverdienten göttlichen Gnade natürlich nicht in Tugendbolde verwandelt. Und wir müssen es auch nicht sein. Aber auch wir werden vermehrt unsere Verantwortung wahrnehmen – Verantwortung für uns selbst, Verantwortung für die Menschen, mit denen wir es zu tun haben, Verantwortung für die Schöpfung. Wer ganz im Dunkeln war und erst im allerletzten Moment einen rettenden Lichtstrahl erblickte, wird von grosser Dankbarkeit erfüllt. Daraus kann man leben. Amen.

RADIOPREDIGT AM 2. NOVEMBER 2003

Major von Tellheim

In St. Gallen wird diesen Winter Lessings «Minna von Barnhelm» aufgeführt – in einer eindrücklichen Inszenierung. Viele von Ihnen kennen wohl das Lustspiel. Zum historischen Hintergrund: Das Stück spielt im 18. Jahrhundert in Berlin, und zwar in einer Nachkriegszeit. Es kommen fast nur Menschen vor, die der Krieg beschädigt hat – äusserlich oder innerlich, wenn nicht beides. Deutlich tritt hervor, wie verheerend der Krieg ist.

Die Titelfigur, Minna, sucht ihren Bräutigam, den sie im Krieg verloren hat. Sie findet ihn, und es gibt ein Happyend. Und doch ist die Geschichte bitter. Minnas Bräutigam, Major von Tellheim, hat im Krieg seine körperliche Unversehrtheit, sein Geld und ungerechterweise auch seinen guten Ruf verloren. Fast das ganze Stück dreht sich darum, dass er glaubt, nach allem, was vorgefallen ist, könne er es Minna nicht zumuten, seine Frau zu werden.

Wenn wir heute ein vergleichbares Beispiel finden wollen, können wir uns einen jungen Mann vorstellen, der durch einen Verkehrs- oder Sportunfall querschnittgelähmt und erwerbsunfähig wurde. «Ich kann dich nicht heiraten», sagt er seiner Braut. «Ich will und kann dir nicht zur Last fallen. Die Ehe mit mir würde eine Hölle für dich sein – und damit für uns beide.»

Liebe Hörerin, lieber Hörer, dieser Major von Tellheim, der sich weigert, die Liebe einer Frau zu akzeptieren, deren er seiner Meinung nach nicht würdig ist und der gegenüber er sich für den Rest seines Lebens abhängig fühlen würde, beschäftigt mich. Zunächst sagt man vielleicht, er sei eben ein typischer Mann. Männer sind so erzogen worden, dass sie es nicht annehmen können, einseitig von einer Frau abhängig zu sein und ihr zur Dankbarkeit verpflichtet. Bis zu einem gewissen Grad ist das auch heute so. Männer meinen, dass sie die Überlegenen sein müssen. Sie möchten bewundert werden. Wenn man es sich *genau* überlegt, gibt es aber auch Frauen, die sich nicht gern beschenken lassen wollen.

Vor vierzig Jahren habe ich als junger Pfarrer jede Woche einmal die Patientinnen und Patienten in einem kleinen Landspital besucht. Ich erinnere mich an Frau X, die während Jahrzehnten die weitherum respektierte Wirtin eines Landgasthofs gewesen war. Tausende hatten sie als Gäste aufgesucht. Viele hatten sie im Service oder in der Küche als eine gestrenge, aber auch gerechte Chefin erlebt. Und jetzt lag sie einfach da. Sie war gelähmt, hatte Schmerzen und war sich bewusst, dass ihr Leben zu Ende ging.

Ich redete mit ihr. Ich betete mit ihr und las ihr Psalmen oder Kirchenlieder vor. Sie war sehr dankbar dafür. Aber oft hat sie geklagt – bemerkenswerterweise weniger über ihre Schmerzen und nicht über den absehbaren Tod. Am meisten lastete auf ihr, dass sie so restlos abhängig geworden war. «Wissen Sie», sagte sie jedes Mal, «früher habe *ich* den anderen geholfen. Viele waren froh um mich. Und jetzt kann *ich* nicht mehr helfen. Dabei *würde* ich doch so gerne helfen.»

Frau X. war wie Major von Tellheim in Lessings Komödie ein Mensch, der es nicht ertrug, empfangen zu müssen und nicht selbst geben zu können.

Liebe Hörerin, lieber Hörer, ich vermute, Sie und ich können uns gut einfühlen in diese Situation. Und doch drängt sich die Frage auf: Wo steht eigentlich geschrieben, dass man sich schämen müsse, wenn man auf Hilfe angewiesen ist? Ist das eine Schande?

Im Buch des Predigers im Alten Testament steht folgendes:

«Geboren werden hat seine Zeit, sterben hat seine Zeit;
pflanzen hat seine Zeit, ausreissen, was gepflanzt ist, hat
seine Zeit;
töten hat seine Zeit, heilen hat seine Zeit;
abbrechen hat seine Zeit, bauen hat seine Zeit;
weinen hat seine Zeit, lachen hat seine Zeit;
klagen hat seine Zeit, tanzen hat seine Zeit; [...]
suchen hat seine Zeit, verlieren hat seine Zeit; [...]

lieben hat seine Zeit, hassen hat seine Zeit;
Streit hat seine Zeit, Friede hat seine Zeit.» (Koh 3,2–8)[60]

Ergänzen möchte ich:

«Helfen können hat seine Zeit, und sich helfen lassen hat
seine Zeit;
schenken dürfen hat seine Zeit, und beschenkt werden hat
seine Zeit:
führen hat seine Zeit, und geführt werden hat seine Zeit;
tragen hat seine Zeit, und sich tragen lassen hat seine Zeit;
Dank entgegennehmen hat seine Zeit, und dankbar sein hat
seine Zeit.»

Es gehört zur Lebensweisheit, dass wir die Stunde erkennen,
die es geschlagen hat, und dass wir sie akzeptieren.

Das Wichtigste, was ich Frau X. damals als junger Pfarrer
zu sagen versuchte, war: «Es ist doch keine Schande, wenn Sie
am Ende eines langen Lebens pflegebedürftig geworden sind!
Lassen Sie sich doch helfen!» Und auch Major von Tellheim
hätte man sagen müssen: «Akzeptiere doch, dass deine Braut
dich liebt und für dich da sein will! Stosse sie nicht zurück!
Auch als armer Invalider und zu Unrecht Angeklagter bist du
ihrer Liebe würdig.»

Doch jetzt ein weiterer Schritt: Beim Nachdenken ist mir
aufgefallen, dass viele von uns – wenn nicht sogar wir alle –
nicht nur Mühe damit haben, wenn andere *Menschen* uns helfen, sondern fast noch mehr, wenn *Gott* der Gebende ist, wenn
Gott – wie die Bibel uns sagt – bedingungslos und unabhängig von unseren Leistungen für uns da ist.

Die Lebenshaltung ist weit verbreitet, dass es *auch vor Gott*
auf die Lebensleistung ankommt. In Einzelfällen mag das zu
Hochmut führen: «Da seht, was ich für einer oder für eine bin!
Gott *muss* mich lieben. Meinen Erfolg habe ich verdient.»
Wohl viel häufiger führt dieses Vorurteil, dass Gott nur die

---

[60] Lutherbibel revidierter Text 1984, durchgeshene Ausgabe, © 1999
Deutsche Bibelgesellschaft, Stuttgart.

Vorbildlichen und Bewundernswerten liebt, aber dazu, dass man dann für sich selbst – und auch für andere, die einem am Herzen liegen – gar nicht ernsthaft mit der göttlichen Liebe rechnet.

Beim Apostel Paulus habe ich das winzige Sätzlein gefunden, für heute der eigentliche Predigttext:

«Was aber hast du, das du nicht empfangen hättest?» (1 Kor 4,7)

Denn so sieht die ganze biblische Tradition und besonders Paulus die menschliche Existenz: In der Beziehung zu Gott sind wir alle – und zwar ausnahmslos – ausschliesslich Empfangende. Noch einmal: «Was aber hast du, das du nicht empfangen hättest?» Unser Leben ist von Anfang an ein Geschenk. Gott liebt uns schon im Mutterleib und als kleines Kind im Stubenwagen, das von Kopf bis Fuss auf Hilfe angewiesen ist.

Aber auch Leistungen, die wir in gewissen Phasen unseres Lebens erbringen, kleinere Leistungen wie wohl die meisten von uns oder auch Hochleistungen wie z.B. Wissenschaftler und Spitzensportler – auch dass wir diese Leistungen erbringen können, ist nur ein Geschenk. Intelligenz, Geschicklichkeit und Muskelkraft hat niemand selbst gemacht. Wo die Begabung fehlt, ist das Training zwecklos – was natürlich nicht heisst, dass nicht auch Hochbegabte Ausbildung und Training brauchen. Und wenn unsere Kräfte früher oder später wieder abnehmen oder auch wenn wir irgendetwas falsch machen in Gedanken, Worten oder Werken – auch dann sind wir immer noch von Gott getragen und geliebt. Es geht darum, auf diesem Fundament zu leben.

Ich schliesse mit Versen des evangelischen Mystikers Gerhard Tersteegen, der im gleichen Jahrhundert lebte, in dem Lessing «Minna von Barnhelm» schrieb. In – wie ich denke – unvergleichlich schönen Worten hat Tersteegen die Haltung des reinen Empfangens Gott gegenüber ausgedrückt. Vor Gott können wir nur unsere Hände öffnen und uns beschenken lassen. Gott gegenüber müssen wir keine Leistung aufweisen. Vor Gott müssen wir auch nicht fliehen, wenn wir aus irgendeinem Grund schuldig geworden sind. Tersteegen spricht Gott folgendermassen an:

> «Wie die zarten Blumen
> willig sich entfalten
> und der Sonne stille halten,
> lass mich so
> still und froh
> deine Strahlen fassen
> und dich wirken lassen.»[61]

Vor Gott können wir nur rein Empfangende sein. Ein letztes Mal: «Was aber hast du, das du nicht empfangen hättest?» Im Glauben möchte ich sagen: «Ja, so ist es! Amen.»

RADIOPREDIGT AM 15. JANUAR 2006

---

[61] Gesangbuch der Evangelisch-reformierten Kirchen der deutschsprachigen Schweiz, Basel und Zürich 1998, Nr. 162, 5.

Glaube, Hoffnung, Liebe

Nun aber bleiben Glaube, Hoffnung, Liebe, diese drei.
Die grösste unter ihnen aber ist die Liebe. (1Kor 13,13)

Ein Hochzeitsfest ist im Leben immer ein Schwellenereignis, an dem uns vieles deutlicher als sonst bewusst wird. Dankbar und vielleicht auch mit einer gewissen Wehmut blicken wir auf unser bisheriges Leben zurück. Wir denken über die vielfältig verschlungenen Lebenswege nach, die uns von unterschiedlichen Orten und aus verschiedenen Familien hier zusammengeführt haben. Wir alle bringen je unsere eigenen Erfahrungen und Prägungen mit. Doch jetzt soll etwas Neues werden beziehungsweise dieses Neue hat schon angefangen. R. und S. haben sich gefunden. Sie haben sich lieb gewonnen und wollen ganz fest zusammenhalten. Neben Erinnerungen an die Vergangenheit werden wir in einer Stunde wie jetzt von Gedanken über die Zukunft bewegt: Hoffnungen, Erwartungen, Befürchtungen, vielleicht auch gewisse Ängste. Es ist eigentlich gar nicht möglich, dass man die verschiedenen Regungen logisch glasklar voneinander trennen und unterscheiden kann. Sie sind viel zu stark ineinander verwoben.

Nun, in einer Stunde wie der heutigen sind wir aber auch ganz besonders offen für ein aufbauendes und heilsames Wort. Wir haben vorhin das berühmte 13. Kapitel aus dem ersten Korintherbrief des Apostels Paulus gehört, das man das Hohelied der Liebe zu nennen pflegt. Von diesem Kapitel wollen wir uns jetzt die Stichwörter für unser Nachdenken geben lassen. Ich denke dabei in erster Linie an den letzten Satz:

«Nun aber bleiben Glaube, Hoffnung, Liebe, diese drei. Die grösste unter ihnen aber ist die Liebe.»

Der Glaube, die Hoffnung, die Liebe, diese drei mögen uns als Wegmarken dienen. Ich denke, dass ein in diesem Sinn dreifach gekennzeichneter Weg sowohl für unser Brautpaar als auch für alle anderen ein guter, ein vertrauenswürdiger Weg ist.

Zuerst zum Stichwort «Glaube»: Kluge Männer und Frauen haben schon darüber nachgedacht, wie wichtig es in unser aller Leben ist, dass wir überhaupt glauben können. Das Gegenteil von Glaube ist Misstrauen und Angst. Und gerade als Mann und Frau können wir ganz unmöglich zusammenleben und unser gemeinsames Leben in einem positiven Sinn gestalten, wenn wir uns von Misstrauen und Angst leiten lassen. Zunächst einmal geht es darum, dass wir einander gegenseitig Vertrauen entgegenbringen. Der Mann glaubt an seine Frau. Und die Frau glaubt an ihren Mann. D.h., dass man sich nicht in einem fort gegenseitig kritisch hinterfragt, weil sich eine Gemeinschaft sonst überhaupt nicht entfalten kann. Und dieses gegenseitige Sich-Vertrauen, dieses wechselseitig Aneinander-Glauben erreichen wir wohl am besten – und damit komme ich zur religiösen Dimension –, wo wir aus dem Glauben heraus leben können, dass unsere ganze Existenz von einer ganz anderen Macht ermöglicht, getragen, geführt und gestützt wird. In der religiösen Sprache nennt man diese ganz andere Macht mit einem ganz schlichten Wort: «Gott». Glauben im biblischen Sinn des Wortes bedeutet: sich von Gott tragen lassen, seinen Grund in ihm finden, so wie eine Pflanze ihre Wurzeln tief in das Erdreich steckt. Das Erdreich hält die Pflanze, so dass der Wind sie nicht davonwirbeln kann. Das Erdreich ernährt die Pflanze aber auch, damit sie nicht verdorren muss. In einem der Psalmen im Alten Testament wird ein glaubender Mensch so umschrieben:

«Der ist wie ein Baum
an Wasserbächen gepflanzt:
Er bringt seine Frucht zu seiner Zeit,
und seine Blätter welken nicht.
Alles, was er tut, gerät ihm wohl.» (Ps 1,3)

Das zuletzt Gesagte ist ein sehr kühner Satz und strahlt einen unverwüstlichen Optimismus aus. Aus Erfahrung wissen wir, dass einem auch im allerglücklichsten und allergesegnetsten Leben nicht alles sehr wohl gerät. Ich denke aber, dass wir gerade am Tag einer Hochzeit eine gute Portion Optimismus brauchen können. Und in einem tieferen Sinne dürfen wir als glaubende Menschen darauf vertrauen, dass Gott alles mit uns – auch das auf den ersten Blick weniger Befriedigende oder sogar Enttäuschende – zu einem guten Ziel führt. Mag mit uns geschehen, was will (und mit diesem Grundoptimismus oder Grundvertrauen dürfen wir leben), aus der Hand Gottes, mit der er uns leitet und trägt, können wir nicht hinausfallen. Im Römerbrief hat es der Apostel Paulus so formuliert:

«Wer will uns scheiden von der Liebe Christi? Bedrängnis, Not oder Verfolgung? Hunger oder Blösse? Gefahr oder Schwert? [...] Denn ich bin mir gewiss: Weder Tod noch Leben, weder Engel noch Mächte, weder Gegenwärtiges noch Zukünftiges noch Gewalten, weder Hohes noch Tiefes noch irgendein anderes Geschöpf vermag uns zu scheiden von der Liebe Gottes [...].» (Röm 8,35–39)

Der Apostel Paulus hatte keineswegs ein einfaches Leben. Ich denke, dass gerade dieser Sachverhalt seinen Worten Gewicht gibt.

Und damit habe ich eigentlich schon viel zur Hoffnung, unserem nächsten Stichwort, gesagt. Biblisch-theologisch kann man sagen, dass die Hoffnung genau genommen nur ein anderer Begriff für Glaube ist, gewissermassen die Kehrseite derselben Münze, die uns in Erinnerung ruft, dass der Glaube biblisch verstanden sehr stark an der Zukunft ausgerichtet ist. Es handelt sich um den Sachverhalt, der vorhin bereits mit dem Ausdruck «eine gute Portion Optimismus» anklang. Nicht wahr: Ein Mann und eine Frau können nicht eine Familie miteinander gründen, wenn sie nicht von einer derartigen guten Portion Optimismus getragen sind. Ich meine damit nicht ein illusionäres An-den-Problemen-Vorbeisehen. Damit lösen wir die unbestreitbar grossen Probleme der heutigen Menschheit nicht, dass wir wie der Vogel Strauss den Kopf in den Sand stecken. Es geht darum, mit grosser Wachsamkeit und Sensibilität die Probleme zu erkennen zu suchen und um Problemlösungen zu ringen. Damit man dazu aber überhaupt in der Lage ist, braucht es eben diesen Grundoptimismus, der etwa in jenem Martin Luther zugeschriebenen Wort zum Ausdruck kommt, dass er noch fünf Minuten vor dem

Weltuntergang ein Apfelbäumchen pflanzen würde. Das ist es, was die Bibel mit dem Wort «Hoffnung» meint, jene Haltung, die auch dann nicht von Gott loslassen will, wenn vieles oder sogar alles dagegen zu sprechen scheint.

«Nun aber bleibe ich stets bei dir,
     du hältst mich an meiner rechten Hand» (Ps 73,23)

lesen wir in einem Psalm.
     Lieber R., liebe S., euch und uns allen wünsche ich für die kommende Zeit etwas von diesem trotzigen, aber auch zuversichtlichen Dennoch.

«Nun aber bleiben Glaube, Hoffnung, Liebe, diese drei. Die grösste unter ihnen aber ist die Liebe.»

Nur ganz kurz noch etwas zur Liebe, zum dritten Punkt, der sich ja an einer Hochzeit beinahe von selbst versteht! Denn man heiratet sich ja nicht, wenn man sich nicht lieb hat. Allerdings, die meisten unter uns wissen es, in jeder Ehe kommen auch Augenblicke, in denen uns die Liebe etwas schwer fällt. Und in diesem Zusammenhang möchte ich darauf hinweisen, dass mit der Liebe, von der der Apostel Paulus spricht, zuerst und zuletzt nicht einfach unsere Liebe, sondern die Liebe Gottes und Jesu Christi gemeint ist. Und von dieser Liebe haben wir es vorhin schon gehört, dass uns nichts, aber auch gar nichts von ihr trennen kann. Von ihr gilt, was ebenfalls in 1. Korinther 13 steht:

«Die Liebe hat den langen Atem, gütig ist die Liebe, sie eifert nicht usw.» (1Kor 13,4)

Aus der Kinderpsychologie wissen wir, dass die Liebesfähigkeit eines kleinen Menschen damit wächst, dass er oder sie sich als von den Eltern und auch sonst von der Umwelt geliebt erfährt. Ich möchte das verallgemeinern und theologisch formulieren: Weil wir uns von Gott und Jesus Christus geliebt wissen dürfen, darum können wir alle immer neu liebesfähige Männer und Frauen werden, sogar auch dort, wo es vorübergehend einmal etwas schwierig werden mag. Die Kraft zur gegenseitigen Liebe müssen wir uns nicht selber geben, weil sie uns von jener ganz anderen Macht geschenkt wird.

Damit will ich schliessen, nicht ohne allen Gottes Segen – eben seine Liebe, die uns zum Glauben, zur Hoffnung, zur Liebe führt – zu wünschen. Amen.

HOCHZEITSPREDIGT

Und hätte der Agápe nicht

*Wenn ich mit Menschen- und mit Engelszungen rede,
aber keine Liebe habe, so bin ich ein tönendes Erz, eine
lärmende Zimbel. Und wenn ich die Gabe prophetischer
Rede habe und alle Geheimnisse kenne und alle Erkenntnis besitze und wenn ich allen Glauben habe, Berge zu versetzen, aber keine Liebe habe, so bin ich nichts.
Und wenn ich all meine Habe verschenke und meinen
Leib dahingebe, dass ich verbrannt werde, aber keine
Liebe habe, so nützt es mir nichts. (1 Kor 13,1–3)*

Zuerst möchte ich sagen: Ich gratuliere M. und F. herzlich!
Nach wie vor – oder vielleicht sogar mehr denn je – ist eine
Hochzeit ein wichtiges Fest. Es ist keine Selbstverständlich-
keit, dass zwei Menschen sich kennenlernen, immer vertrau-
ter miteinander werden, sich lieb gewinnen und dann endlich
zueinander sagen: Ohne dich will ich nicht weiterleben. Ich
möchte zusammen mit dir das ganze Leben verbringen, zusammen mit dir nicht nur das Schöne, sondern auch das
Schwierige teilen, zusammen mit dir alt werden. Ich will zu
dir stehen nicht nur in der Freude, sondern auch im Leid. Nur
der Tod soll uns voneinander scheiden. M. und F. haben sich
entschieden und den einen, den gemeinsamen Weg gewählt.

Im Raum einer christlichen Kirche wollen wir uns auf das
Wesentliche besinnen, auf etwas, das weiterhilft und aufbaut.
Das Brautpaar selbst hat den Bibeltext gewählt, den F. vorhin
vorlas. Unzählige Brautpaare auf der ganzen Welt haben ihn
ebenfalls gewählt und gewünscht, dass an ihrer Hochzeit darüber gepredigt wird. Und es ist ja wirklich ein unerschöpfli-
ches Kapitel aus der Bibel, das jedenfalls mir persönlich nicht
verleidet. Nur ganz weniges kann ich dazu sagen. Es geht um
die Liebe, auf Griechisch die sogenannte Agápe, die Nächstenliebe – im Unterschied zum Eros, der sinnlichen Liebe. Diese Agápeliebe wird hier in den höchsten Tönen besungen.

Als ich die heutige Predigt vorbereitete, las ich dazu in einem wissenschaftlichen Kommentar. Diesem habe ich Folgendes entnommen. «Wenn ich mit Menschen- und mit En-

gelszungen rede, aber keine Agápe habe [...].» «Die Agápe hat einen langen Atem, gütig ist die Agápe usw.» (1Kor 13,4) «Die Agápe kommt niemals zu Fall [...].» (1Kor 13,8) Die Fachgelehrten reden im Fall des vorliegenden Textes von einer sogenannten Aretalogie, einer lobpreisenden Aufzählung. In der antiken Literatur war das eine weit verbreitete rhetorische Gattung.

In einem griechischen Gedicht wird ein junger Mann wegen seiner Unerschrockenheit im Krieg besungen:

> «... wenn er [...] mit der Waffe dem Feind kühn vor das Angesicht tritt.
> Das ist die wahre Tugend, der beste und schönste der Preise [...].»[62]

Der Philosoph Platon besingt analog den Eros, die sinnliche Anziehungskraft zwischen den Menschen:

> «[Der Eros] befreit uns von der Fremdheit; macht uns reich an Vertrautheit; jeglichen Verein bringt er zustande[;] in Festen, in Reigentänzen, bei Opfermahlen [ist er] ein Führer [...].»[63]

In einer jüdischen Schrift aus dem späten Altertum nimmt die gleiche Rolle die Wahrheit ein:

> «Aber die Wahrheit ist grösser und mächtiger als alles!
> Die ganze Erde ruft nach der Wahrheit,
> der Himmel preist sie,
> alles Geschaffene erbebt und zittert:
> nichts, gar nichts Unrechtes ist an ihr.»[64]

Tapferkeit, Eros oder Wahrheit? Der Apostel Paulus setzte an dieser Stelle die Agápe, die Nächstenliebe, ein, welche für ihn

---

[62] Nach: Hans Conzelmann, Der erste Brief an die Korinther. Göttingen 1969, S. 258.
[63] Ebenda, S. 259.
[64] Ebenda, S. 260.

den höchsten Preis verdient hat. Wichtig dünkt mich zunächst, dass Paulus damit natürlich nicht sagen will, dass an ihrem Ort nicht auch die Tapferkeit, der Eros oder die Wahrheit eine wichtige Rolle spielten. Das wäre eine weltfremde und unmenschliche Argumentation. Wir alle wissen, dass es mutige und ehrliche Frauen und Männer braucht, wenn sich die menschliche Gemeinschaft gedeihlich weiterentwickeln soll. Feiglinge und Leute, die verlogen sind, gibt es leider ja genügend. Und an einer Hochzeit eine Predigt gegen den Eros zu halten, wäre nicht nur sinnlos, sondern sogar gefährlich. Leider gab es Generationen gerade in der Christentumsgeschichte, welche die menschliche Sexualität für verderblich hielten, weshalb verklemmte Menschen herangezogen wurden. Glücklicherweise ist es heute in der Regel nicht mehr so. Auch in der Bibel wird der Eros, die sinnliche Liebe, als etwas Herrliches gerühmt. Lesen Sie das «Lied der Lieder Salomos» im Alten Testament:

«Du bist so schön, meine Freundin!
Du bist so schön!
Deine Augen sind Tauben
hinter deinem Schleier. […]
Leg mich auf dein Herz wie ein Siegel,
wie ein Siegel an deinen Arm!
Denn stark wie der Tod ist die Liebe,
hart wie das Totenreich die Leidenschaft.
Feuerglut ist ihre Glut,
Flamme des Herrn.
Gewaltige Wasser können
die Liebe nicht löschen […].» (Hld 4,1 und 8,6f.)

Hier geht es wirklich um die erotische Liebe. Und, M. und F., wir alle wünschen euch von Herzen, dass ihr viel von dieser Liebe erfahren werdet. Aber der Apostel Paulus denkt, wenn er in seiner Lobrede der Agápeliebe den höchsten Preis erteilt, in einem weiteren Horizont. Es geht um ein Lebensfundament, auf dem dann erst auch der Eros wirklich zu seiner vollen Geltung kommen kann. Als ich diese Predigt vorbereitete, suchte ich nach einem Beispiel für diese Agápeliebe in der Bibel und habe ein – auf den ersten Blick ausgefallenes – im Alten Testament gefunden:

«Wenn du dem verirrten Rind oder Esel deines Feindes begegnest, sollst du das Tier sogleich zu ihm zurückführen. Wenn du siehst, dass der Esel deines Gegners unter seiner Last zusammengebrochen ist, dann lass ihn nicht allein.» (Ex 23,4f.)

Das Beispiel dünkt mich aus verschiedenen Gründen instruktiv. Erstens: Es stammt aus dem Alten Testament und widerlegt das leider häufige Vorurteil, dass die Agápeliebe eine ausschliesslich christliche Erfindung – im Gegensatz zum Judentum – sei. Ganz im Gegenteil: Schon im jüdischen Alten Testament steht der Satz «Du sollst deinen Nächsten lieben wie dich selbst» (Lev 19,18), der dann mit der Bemerkung ergänzt wird, dass auch die Fremden, die ausländischen Beisassen, von diesem Gebot mitgemeint sind! (Lev 19,33f.) Wenn Jesus im Neuen Testament diesen Satz ausspricht, ist er also nicht etwa ein Revolutionär, sondern durchaus ein echter Jude. Zweitens: Das Beispiel vom Rind oder Esel des sogenannten «Feindes» (damit ist irgendein menschlicher Gegner gemeint, wie wir sie alle haben), welche wir zurückbringen oder denen wir aufhelfen sollen, dokumentiert: Die Agápeliebe, das Thema unseres Predigttexts, ist nicht einfach eine Gefühlssache. Jemanden im Sinne unseres Predigttexts zu lieben, hat nicht nur nichts mit Erotik zu tun, sondern ebenso wenig mit Romantik. Es geht ganz schlicht um Solidarität. Man sieht ein verirrtes Haustier oder einen Esel, der unter seiner Last zusammengebrochen ist. Und man hilft, sogar wenn der Besitzer der Tiere uns mit Grund wenig oder überhaupt nicht sympathisch ist. Es gehört sich einfach.

Ich denke, das ist für uns alle wichtig, dass wir solche elementaren Werte nicht vergessen, sondern im Gegenteil in unserer teilweise recht kalt gewordenen Welt neu zur Geltung zu bringen versuchen. Agápeliebe – ich möchte es ganz knapp formulieren – ist schlicht das Gegenteil von kaltschnäuzigem Zynismus.

Und, liebe M., lieber F., auch in der Ehe verhält es sich so. Ich habe vorhin gesagt, dass der Eros in eurer Beziehung selbstverständlich eine wichtige Rolle spielen darf oder sogar soll. Wer wollte an einem Hochzeitsfest dem Eros nicht die ihm gebührende Reverenz erweisen? Aber der Eros ist für eine Ehe nicht genug. Es werden auch in der besten Ehe Stunden oder Tage kommen, an denen wir nicht ununterbrochen wechselseitig voneinander fasziniert sind. Und dann kommt es darauf an, dass wir das gegenseitige ganz unsentimentale solidarische Verhalten nicht vergessen.

Wir alle wissen es: Es gibt heute viele Ehescheidungen. Und ich möchte auch geschiedene Menschen nicht verurteilen. Verheiratet zu bleiben, ist heute viel schwieriger als in früheren Generationen, als die Welt stabiler war. Es gibt auch heute kaum Menschen, die den Scheidungsrichter vollkommen leichtfertig anrufen. Aber ich denke, auch das andere ist wahr und wohl noch wichtiger: Häufig gehen heute Ehen auseinander, weil man zu wenig geduldig ist und weil man wohl in vielen Fällen eine zu romantische Ehevorstellung hat. Man erwartet von der Ehe, dass sie das Paradies auf Erden sei. Man möchte einander nur geniessen. Und wenn Alltagsschwierigkeiten auftreten, die nüchtern betrachtet ja absolut unvermeidlich sind – wir leben auf der Erde und nicht im Himmel –, dann gibt man eben sehr schnell auf, wenn man nur den Eros und nicht auch die Agápeliebe ernst nimmt.

Und das, denke ich, ist der Grund, weshalb der Apostel Paulus die Agápeliebe mehr als die Tapferkeit, die Wahrheit und den Eros gepriesen hat. Er wollte damit nichts gegen diese und viele andere Werte sagen. Aber er wollte darauf hinweisen: Damit unser Leben gelingen kann, brauchen wir noch mehr.

Die Agápe hat den langen Atem, gütig ist die Agápe, sie eifert nicht.
Die Agápe prahlt nicht,
sie bläht sich nicht auf,
sie ist nicht taktlos,
sie sucht nicht das ihre,

sie lässt sich nicht zum Zorn reizen,
sie rechnet das Böse nicht an,
sie freut sich nicht über das Unrecht, sie freut sich mit an
der Wahrheit.
Sie trägt alles,
sie glaubt alles,
sie hofft alles,
sie erduldet alles.
Die Agápe kommt niemals zu Fall [...]. (1Kor 13,4–8)

Liebes Brautpaar, haltet euch neben dem Eros, neben der Tapferkeit und der Wahrheit auch und noch mehr an die Agápeliebe, die der Apostel Paulus so eindrücklich und unvergesslich besungen hat. Eure Ehe wird dann auf einem guten Fundament gebaut sein. Und immer dürft ihr daran denken, dass Gott seine Schöpfung – und damit auch euch und uns alle – gern hat. Amen.

HOCHZEITSPREDIGT

Liliom

Denn die Liebe deckt die Fülle der Sünden zu.
(1 Petr 4,8)

Liebe Gemeinde! «Nun aber bleiben Glaube, Hoffnung, Liebe, diese drei. Die grösste unter ihnen aber ist die Liebe.» (1 Kor 13,13) Es ist einer der berühmtesten Sätze aus der Bibel. Manche von uns kennen ihn auswendig. Man setzt ihn über Todesanzeigen. Häufig kingt er aber abgenutzt. Er wurde zu häufig zitiert, manchmal auch missbraucht. Liebe ist ein grosses Wort. Manchmal kommt es einem aber wie ein Goldstück vor: Man steht vor einem Getränkeautomaten. Um an ein Getränk zu kommen, würde man kleinere Münzen brauchen. Das Goldstück hat das falsche Format. Man kann es nicht gebrauchen. Und die Bankfiliale, in der man es umwechseln könnte, ist geschlossen. Ja, Liebe ist ein grosses Wort, doch was macht man damit?

In diesem Zusammenhang machte mir ein Schauspiel Eindruck, das zurzeit im Theater St. Gallen aufgeführt wird: «Liliom» des ungarischen Schriftstellers Ferenc Molnár. Es ist eine wunderbare Aufführung, gute Regie, eindrückliches Bühnenbild, hervorragende Darsteller. Es greift ans Herz, ohne sentimental zu sein. Und ich denke, ohne schulmeisterlich zu sein, zeigt es gut, was das Wort Liebe bedeutet.

«Nun aber bleiben Glaube, Hoffnung, Liebe, diese drei. Die grösste unter ihnen aber ist die Liebe.» Vielleicht darf ich es so sagen: Das Schauspiel «Liliom» ist so etwas wie eine weltliche Predigt. Es wechselt das grosse, oft aber unbrauchbare Wort Liebe, dieses Goldstück, in kleinere Münzen um. Mit diesen kann man leben.

Für diejenigen unter Ihnen, die das Stück nicht kennen, erzähle ich davon: Es spielt unter kleinen Leuten. Die Hauptfigur, Liliom, ein junger Mann, ist unehelich geboren worden. Er konnte keinen Beruf erlernen und schlägt sich mit Gelegenheitsarbeiten schlecht und recht durch. Bei Beginn des Stücks arbeitet er auf einem Jahrmarkt als Schaustellergehilfe. Gelegentlich dreht er auch ein krummes Ding, und er hat das Gefängnis schon mehr als einmal von innen gesehen. Er hat aber auch einen gewissen Charme, kommt gut bei den Frauen an. Als ich ein Bild für ihn suchte, kam mir ein verwilderter Kater in den Sinn, der sich gegen das Gezähmtwerden sträubt.

Die andere Hautfigur im Stück ist das Dienstmädchen Juli, das sich in Liliom verliebt, bald ein Kind von ihm erwartet. Die beiden heiraten. Liliom bleibt aber immer noch der verwilderte Kater. In einem falschen Männlichkeitswahn schämt er sich, seiner Frau seine Liebe zu zeigen. Er schlägt sie, wenn sie weint; verdrückt sich dann aber in den Hinterhof, um dort verstohlen ebenfalls zu weinen. Und auch für seine Frau ist es schwierig, ihre Liebe in Worte zu fassen, weil auch sie sich ihrer Gefühle schämt und ihr wohl auch die Worte dafür fehlen. Und trotzdem ist die Liebe da!

Liliom lässt sich von einem schlechten Kameraden nicht nur im Kartenspiel betrügen, sondern auch zu einem Raubüberfall überreden. Als die Polizei ihn festnehmen will, gibt er sich selbst den Tod, weil er nicht ins Gefängnis kommen möchte – und doch wohl auch, weil er sich davor schämt, Schande über seine Frau und das noch nicht geborene Kind zu bringen. Ein paradoxer Beweis seiner Liebe! Erst ihrem toten Mann gegenüber ist es dann auch der Frau möglich, ihre innige Liebe zu bekennen.

Ich möchte noch weiter erzählen: Das Stück muss man als Märchen oder Legende bezeichnen. Es geht über den Tod hinaus. In ganz kindlich-realistischer Weise wird das Jenseits gezeigt mit einer Gerichtsverhandlung. Liliom kommt für einige Zeit ins Fegefeuer. Er wird einem Reinigungsprozess unterworfen und darf dann noch einmal für einen Tag auf die Erde zurückkehren, um den Seinen – der Frau und der inzwischen halbwüchsigen Tochter – doch noch etwas Gutes zu erweisen.

Oberflächlich betrachtet, misslingt dieses Projekt. Als die Tochter, die den Vater nicht erkennt, die Sterne, die er vom Himmel für sie mitgebracht hat, nicht akzeptieren will und ihn zurückstösst, schlägt er nach ihr. Er ist also immer noch der Gleiche geblieben.

Das Stück (wie es in St. Gallen gespielt wird) lässt es offen, ob Liliom am Ende Gnade und Vergebung finden wird oder nicht. Wer ins Theater geht, muss den Schluss gewissermassen selbst erfinden. (Es verhält sich damit wie mit gewissen Gleichnissen in der Bibel. Etwa im Gleichnis vom verlorenen Sohn erfährt man nicht, ob der ältere Bruder sich am Ende doch noch am Fest für den jüngeren beteiligt oder nicht, vgl. Lk 15,11–32.) Das Stück «Liliom» hört merkwürdig auf: Die Tochter stellt fest, dass sie von Liliom zwar geschlagen wurde, aber der Schlag schmerzt nicht, sondern fühlt sich eher wie ein sanfter Kuss an. «Ja, das gibt es», sagt darauf die Mutter; «man kann geschlagen werden, ohne dass es weh tut.»

Ich verstehe diesen Ausgang so (oder jedenfalls: ich versuche, ihn so zu verstehen): Ganz zart, ohne dick aufzutragen, wird die Möglichkeit der Gnade und Vergebung angedeutet. «Nun aber bleiben Glaube, Hoffnung, Liebe, diese drei. Die grösste unter ihnen aber ist die Liebe.» Oder: «Denn die Liebe deckt die Fülle der Sünden zu» (1Petr 4,8), ein anderes grosses Wort aus dem Neuen Testament. Mit Hilfe des Schauspiels «Liliom», meine ich, verwandelt sich das oft unbrauchbare Wort Liebe, dieses unhandliche Goldstück, in kleinere, dafür aber brauchbare Münzen.

«Die Liebe hat den langen Atem, gütig ist die Liebe, sie eifert nicht.
Die Liebe prahlt nicht,
sie bläht sich nicht auf,
sie ist nicht taktlos,
sie sucht nicht das ihre,
sie lässt sich nicht zum Zorn reizen,
sie rechnet das Böse nicht an,
sie freut sich nicht über das Unrecht, sie freut sich mit an der Wahrheit.
Sie trägt alles,
sie glaubt alles,
sie hofft alles,
sie erduldet alles.» *(1Kor 13,4–7)*
Wir beginnen zu ahnen, was der Apostel mit diesen so oft zi-

tierten und deshalb abgenutzten und verbrauchten Worten gemeint hat.

> «Wenn ich mit Menschen- und mit Engelszungen rede, aber keine Liebe habe, so bin ich ein tönendes Erz, eine lärmende Zimbel. Und wenn ich die Gabe prophetischer Rede habe und alle Geheimnisse kenne und alle Erkenntnis besitze und wenn ich allen Glauben habe, Berge zu versetzen, aber keine Liebe habe, so bin ich nichts. Und wenn ich all meine Habe verschenke und meinen Leib dahingebe, dass ich verbrannt werde, aber keine Liebe habe, so nützt es mir nichts.» (1Kor 13,1–3)

Liebe im Sinne des Neuen Testaments ist nichts Spektakuläres und nicht übermenschlich. Liebe im Sinne der Bibel ist oft ganz unscheinbar, manchmal sogar unter ihrem Gegenteil versteckt. Und vor allem (und damit schreite ich zum Schluss über den Predigttext hinaus): Die Bibel erzählt uns in ihrem Kern von einem Gott, der auch die kleinen Leute wie Liliom, diesen verwilderten Kater, und seine verhärmte Frau liebt. Liliom kann ja nichts dafür, dass er nicht die Chance hatte, ein anständiger und respektabler Mensch zu werden. Und die meisten von uns, die wir heute Morgen hier sind, können ja ebenfalls nichts dafür, dass sie seinerzeit eine bessere Ausgangslage hatten und deshalb mehr aus ihrem Leben machen konnten.

Der Gott des christlichen Glaubens liebt nicht nur die Starken, sondern auch die Schwachen, nicht nur die Erfolgreichen, sondern auch die Zukurzgekommenen, nicht nur die Vorzeigemenschen, sondern auch die Gauner.

Ganz zum Schluss lese ich, um das zu illustrieren, eines der berühmtesten Gleichnisse Jesu aus dem Neuen Testament:

Alle Zöllner und Sünder suchten seine Nähe, um ihm zuzuhören. Und die Pharisäer und Schriftgelehrten murrten: Der nimmt Sünder auf und isst mit ihnen. Er aber erzählte ihnen das folgende Gleichnis: Wer von euch, der hundert Schafe hat und eines von ihnen verliert, lässt nicht die neunundneunzig in der Wüste zurück und geht dem verlorenen nach, bis er es findet? Und wenn er es findet, nimmt er es voller Freude auf seine Schultern und geht nach Hause, ruft die Freunde und die Nachbarn zusammen und sagt zu ihnen: Freut euch mit mir, denn ich habe mein verlorenes Schaf gefunden. Ich sage euch: So wird man sich auch im Himmel mehr freuen über einen Sünder, der umkehrt, als über neunundneunzig Gerechte, die keiner Umkehr bedürfen. (Lk 15,1–7)

Liebe Gemeinde! Ist das nicht schön? Amen.

PREDIGT IM JANUAR 2007

BETEN

Muezzins und Kirchenglocken

Wenn du aber betest, geh in deine Kammer, schliess die Tür und bete zu deinem Vater, der im Verborgenen ist. (Mt 6,6)

Liebe Hörerin, lieber Hörer! Vor einigen Wochen war ich auf einer wunderbaren Reise durch Marokko. Eine herrliche Landschaft: Gebirgsketten, Meer, rotes Erdreich, grüne Oasen und ein blauer Himmel! Liebenswürdige Menschen! Und dann die Kulturgüter: Während einiger Tage waren wir in Fès, der alten Königsstadt. Sie wurde im Jahr 789 von einer muslimischen Fürstenfamilie gegründet. Und bereits nach wenigen Jahrzehnten gab es hier eine Universität, in einer Zeit also, als bei uns in der Schweiz teilweise noch recht wilde Zustände herrschten. Diese Universität war im Mittelalter der Treffpunkt muslimischer, jüdischer und auch christlicher Gelehrter, die einen fruchtbaren Dialog miteinander führten. Wir können hier beobachten, dass es möglich ist, dass verschiedene Religionen und Kulturen friedlich zusammenleben, gegenseitig voneinander lernen, sich hin und her anregen und bereichern. Ich hebe das hervor, weil heute gelegentlich von einem angeblich unausweichlichen «Zusammenstoss der Zivilisationen» die Rede ist. Terror und Krieg wäre dann so etwas wie ein Schicksal. Der Blick auf die marokkanische Stadt Fès zeigt: Friede ist möglich und lebbar. Terror und Krieg sind nicht unvermeidbar. Wir dürfen den gegenwärtigen schrecklichen Terrorismus nicht pauschal der Religion des Islams anlasten, so wenig es angeht, die vor einigen Jahren ebenso beängstigenden Attentate der nordirischen IRA der römisch-katholischen Kirche zuzuschreiben oder – noch etwas früher – die Verbrechen des Kuklux-Clans in den amerikanischen Südstaaten den evangelischen Baptisten.

In der Altstadt von Fès gibt es dreihundert Moscheen. Am frühen Morgen bei Sonnenaufgang rufen die Muezzins von ungefähr 250 Minaretten zum Gebet. Es ist dies ein edler Wettstreit. In vielen verschienen Melodien wird beschwörend dazu eingeladen, Gott zu preisen und zu ihm zu beten.

Ich habe Touristen aus Europa getroffen, die den morgendliche Gesang der Muezzins als Störung wahrnehmen. Ich empfand es nicht so. Ich erwachte, hörte dem natürlich auch für mich fremdartigen Klang zu und schlief dann wieder ein. Und dann kam mir etwas anderes in den Sinn: Bei uns in Europa haben wir nur ausnahmsweise Minarette und Muezzins. Wir haben aber Kirchtürme und Kirchenglocken. Je nach Ort und Brauch hört man am Morgen früh um sechs oder um sieben Uhr die Betzeitglocke. Um elf Uhr oder zur Mittagszeit wird ein weiteres Mal geläutet, und dann noch einmal – oft nachmittags um drei – und ganz bestimmt am Abend um 18 oder 19 Uhr. Immer neu laden die Kirchenglocken zum Gebet ein.

Vielleicht kennen Sie das Bild des Bündner Malers Giovanni Segantini, das «Ave Maria» heisst: Auf einem oberitalienischen See sieht man eine Barke, darauf eine Schafherde, einen Mann – den Hirten – und eine junge Frau, die ihr Kind auf dem Schoss hält, das sie liebevoll umarmt. Ganz im Hintergrund ragt ein Kirchturm in die Höhe. Das Licht flimmert auf dem Wasser. Wer das Bild betrachtet, muss sich vorstellen, dass man ganz aus der Ferne die Betzeitglocke hört. Der Mann und die Frau sind still geworden und neigen ihren Kopf. Das Läuten hat sie daran erinnert, dass da noch ein ganz Anderer ist, Gott, der alles erschaffen hat und der fürsorglich und liebevoll für seine Schöpfung da ist. Es ist gut, für einen kurzen Augenblick innezuhalten, andächtig zu werden und an diese höhere Instanz zu denken. Ohne sie könnten wir gar nicht leben.

Ein anderes Bild, manchen von Ihnen wohl ebenfalls bekannt, hängt im Louvre in Paris. Es stammt von Jean-François Millet und hat das gleiche Thema: Ein junger Bauer und seine Frau ernten Kartoffeln. Sie hören den Glockenklang von einem Kirchturm, der ganz weit hinten klein zu sehen ist. Sie falten die Hände zum Gebet. «In ihnen drückt sich nicht eine bloss äusserliche Frömmigkeit aus, sondern vielmehr eine tiefe Gläubigkeit, in der auch der Dank für die eben geerntete Bodenfrucht spürbar wird.» Früher konnte man Reproduktionen dieses Bildes in vielen Stuben oder Schlafzimmern finden. Doch dann fing man an, darüber zu lächeln und das Ganze kitschig oder altmodisch zu finden. Das ist schade. «Das weite Land ist mit einer herrlichen Stimmungshaftigkeit gemalt.» Millet hat hier bereits im Jahr 1859 «jene vibrierende Atmosphäre geschaffen, deren Ruhm die [französischen] Impressionisten zwanzig Jahre später in alle Welt» getragen haben.[65]

Ich persönlich besuche gerne Museen und lasse mich von Gemälden wie denjenigen Segantinis und Millets in meiner oft viel zu geschäftigen und gehetzten Alltagsstimmung unterbrechen. Ebenso geht es mir, wenn ich irgendwo aus der Ferne Kirchenglocken höre. Haben Sie übrigens gewusst: Auf unseren Kirchenglocken sind fast immer Bibelsprüche angebracht. Ich weiss von einer Kirche mit sechs Glocken. Deren Klang erstreckt sich von ganz tief und dunkel dröhnend bis zu ganz hoch in einem feinen und zarten Silberton. Auf der tiefsten Glocke steht: «Herr, tue meine Lippen auf, und mein Mund wird deinen Ruhm verkünden.» (Ps 51,17) Auf der nächsten Glocke heisst es: «Denn die Berge werden weichen und die Hügel wanken, meine Gnade aber wird nicht von dir weichen, und mein Friedensbund wird nicht wanken, spricht, der sich deiner erbarmt, der HERR.» (Jes 54,10) Dann kommt der Spruch: «Ehre sei Gott in der Höhe und Friede auf Erden unter den Menschen seines Wohlgefallens.» (Lk 2,14) Und dann: «Jesus Christus ist derselbe gestern, heute und in Ewigkeit.» (Hebr 13,8) Auf der zweitkleinsten Glocke steht: «Ihr seid das Salz der Erde.» (Mt 5,13) Und die ganz kleine Glocke ruft mit ihrer besonders hellen Stimme: «Wenn nicht der HERR die Stadt behütet, wacht der Hüter umsonst.» (Ps 127,1) Wenn in jener Kirche (es ist die Stadtkirche von Burgdorf) das volle Geläute ertönt, am Sonntag beim Einläuten zum Gottesdienst oder am 24. Dezember vor der Christnachtfeier oder zweimal in der Nacht vom Silvester zum neuen Jahr, zuerst um viertel vor zwölf zehn Minuten und dann noch einmal punkt Mitternacht zehn Minuten, dann ist dieses Geläute eine ganze Predigt.[66]

---

[65] Herbert Gröger und Walter Dräyer, Louvre. Zürich 1963, S. 121.
[66] Die Informationen zum Geläute in Burgdorf finden sich im Internet.

Noch einmal: Im marokkanischen Fès rufen in der Frühe des Morgens 250 Muezzins um die Wette zum Beten auf. Bei uns sind es die Kirchenglocken. Sie laden in die Kirche ein, und diejenigen, die nicht teilnehmen können, bitten sie, wenigstens zu Hause für den Gottesdienst zu beten. Noch häufiger aber wollen die Glocken einfach unseren Alltag unterbrechen. Sie fordern uns auf, ganz kurz still zu werden, in uns zu gehen und uns unserem Schöpfer zuzuwenden. Ein solches Kurzgebet ist wie ein tiefes Einatmen und Wiederausatmen, ein seelisches Sich-Erholen.

Liebe Hörerin, lieber Hörer, wenn wir in den Evangelien lesen, stossen wir immer neu auf Stellen, an denen Jesus im Gebet gezeigt wird. «[...] er stieg [...] auf den Berg, um ungestört zu beten» (Mt 14,23), kann es z.B. heissen. Oder: «Und in der Frühe, als es noch finster war, stand er auf, ging hinaus und begab sich an einen einsamen Ort, und dort betete er.» (Mk 1,35) Besonders eindrücklich und deshalb unvergesslich ist die Szene im Garten Getsemani am Abend vor der Kreuzigung. «Vater, wenn du willst, lass diesen Kelch an mir vorübergehen. Doch nicht mein Wille, sondern der deine geschehe» (Lk 22,42), betet Jesus. Im gleichen Text ruft er auch die Seinen zum Gebet auf: «Betet, dass ihr nicht in Versuchung kommt!» (Lk 22,40) Und ein weiteres Mal: «Steht auf und betet!» (Lk 22,46) Nicht umsonst bringt Jesus den Seinen das Unservater bei. In der Bergpredigt steht: «Wenn du aber betest, geh in deine Kammer, schliess die Tür und bete zu deinem Vater, der im Verborgenen ist.» (Mt 6,6) Ermutigend heisst es ein Kapitel später: «Bittet, so wird euch gegeben; sucht, so werdet ihr finden; klopft an, so wird euch aufgetan. Denn wer bittet, empfängt; wer sucht, der findet; wer anklopft, dem wird aufgetan. Wer unter euch gäbe seinem Sohn, wenn er ihn um Brot bittet, einen Stein, und wenn er ihn um einen Fisch bittet, eine Schlange? Wenn also ihr, die ihr böse seid, euren Kindern gute Gaben zu geben wisst, wie viel mehr wird euer Vater im Himmel denen, die ihn bitten, Gutes geben.» (Mt 7,7–11)

Die Szene im Garten Getsemani, an die ich vorhin erinnerte, zeigt, dass trotz all der herrlichen Verheissungen im Zusammenhang mit dem Beten unsere Wünsche in einem buchstäblichen Sinn nicht immer in Erfüllung gehen. «Doch nicht mein Wille, sondern der deine geschehe», ist das Vorzeichen vor der Klammer. Wir dürfen Gott aber wirklich alles sagen und alles von ihm wünschen. Kein Problem ist zu geringfügig, um in unser Gebet aufgenommen zu werden. Im Leben verhält es sich ja so, dass oft besonders die kleinen Dinge uns beschäftigen und belasten. Wir müssen und dürfen es aber Gott überlassen, in welcher Form er auf unsere Bitten eingeht. Auch dann, wenn von aussen gesehen sich unsere Lage nicht verändert, dürfen wir darauf vertrauen, dass er uns nicht vergisst. Gott ist bei uns, auch wenn er sich verbirgt.

Im Römerbrief des Apostels Paulus steht: «Denn wir wissen nicht, was wir eigentlich beten sollen; der Geist selber jedoch tritt für uns ein mit wortlosen Seufzern.» (Röm 8,26) Der Satz entlastet uns davon, zu meinen, zum Beten brauche es eine besondere Begabung. *Alle* können beten! Eine besondere Ausbildung braucht es dazu nicht. Eine völlig kunstlose Sprache ist genug. Gott kennt und versteht uns.

Der schwäbische Dichterpfarrer Eduard Mörike hat die folgende Gebetsstrophe geschrieben:

«Herr, schicke was du willst,
Ein Liebes oder Leides;
Ich bin vergnügt, dass Beides
aus deinen Händen quillt.»[67]

Amen.

RADIOPREDIGT AM 24. JULI 2005

---

[67] Eduard Mörike, Sämtliche Werke I. Stuttgart 1954, S. 151.

Wacht und betet!

Liebe Hörerin, lieber Hörer, zuerst wünsche ich Ihnen ein gesegnetes neues Jahr. Hoffentlich haben Sie es gut angefangen! Als ich diese Predigt vorbereitete, fragte ich mich, wer wohl heute Morgen zuhören würde. Gewiss, ein Teil von Ihnen hat eine fröhliche Silvesternacht hinter sich. Sie haben mit der Familie und mit Freunden gefeiert, um Mitternacht die Kirchenglocken gehört, das Feuerwerk bestaunt, auf das neue Jahr angestossen. Ich stelle mir aber vor, viele von denen, die gefeiert haben, liegen noch tief im Bett und schlafen aus. Oder sie sind schon wieder unterwegs – vielleicht irgendwo beim Wintersport. Und es gibt natürlich auch solche, die den Gottesdienst in einer Kirche besuchen. Einige von denen, die das Radio eingestellt haben, sind mit dem Auto unterwegs. Noch mehr jedoch sind krank, alt, hinter Mauern gefangen oder im Spital. Sie hören Radio zu zweit, öfters aber allein. Manche von ihnen haben die Kirchenglocken heute Nacht nur von weitem gehört, über das Feuerwerk sich unter Umständen sogar geärgert. Vielleicht haben sie über früher nachgedacht, als die Kinder noch nicht ausgeflogen waren. Man hatte es gemütlich miteinander. Beim Bleigiessen lachte man über die bizarren und wild gezackten Figuren, die im Wasser entstanden.

Und heute ist Neujahr! Liebe Hörerin, lieber Hörer, auch wenn Sie sich nicht zur zuletzt umschriebenen Gruppe zählen, verzeihen Sie mir wohl, dass ich jetzt in erster Linie an die Einsamen und Älteren unter Ihnen denke. Ihnen will ich sagen: *Auch Sie sind wichtig!* Als ich ein junger Pfarrer war, besuchte ich regelmässig eine alte Frau, die nicht mehr ausgehen konnte. «Wissen Sie, Herr Pfarrer», sagte sie, «ich habe nur noch einen leichten Schlaf. Oft liege ich während der Nacht stundenlang wach im Bett. Aber, ich versuche, mich nicht zu grämen. Ich liege da und bete. Ich denke dabei an Verwandte und Bekannte. Ich denke an unser Dorf, an unser Land, an Europa und an die ganze Welt. Ich versuche, alles Gott anzubefehlen, das Kleine und das Grosse.» Und: «Ich pflege zu sagen: ‹Gott, ich danke dir, dass du deine Menschen nicht vergisst. Gott, begleite und behüte du die Nahen und die Fernen, die Verzagten und die Übermütigen, die Schwachen und die Starken.›» Diese alte Frau hat mich damals tief beeindruckt.

Noch einmal: Heute ist Neujahr. Und ich denke, unsere Welt braucht solche Menschen wie diese alte Frau. Alte und Kranke haben wichtige Aufgaben. Stellvertretend für viele andere erweisen sie der Welt einen Dienst, den diese nötig hat. Und dabei sind die Kranken und die Alten nicht allein. An verschiedenen Plätzen in der Welt üben Menschen einen solchen Dienst aus.

Ich denke jetzt besonders an die Klöster. Vor allem in den Männer- und Frauenklöstern nach der Regel von Benedikt von Nursia treffen sich die Brüder und Schwestern achtmal am Tag zum gemeinsam gesungenen Gebet. Im Verlauf einer Woche werden sämtliche 150 Psalmen gebetet. Dazu kommen Schriftlesungen und andere Texte. Man trifft sich von der Matutin, dem Morgengebet (früher bereits um Mitternacht), bis zur Komplet, dem Nachtgebet am Abend vor dem Einschlafen. Der Gedanke liegt zugrunde, dass man nicht nur für sich selbst betet, sondern stellvertretend für die ganze Welt.

In den aus der Reformation hervorgegangenen Kirchen wurde diese Art der Frömmigkeit lange mit Misstrauen betrachtet – man fürchtete sich vor Werkgerechtigkeit. Diese Berührungsängste wurden in den vergangenen Jahrzehnten abgebaut. Auch evangelische Klöster entstanden, z.B. Taizé im Burgund mit seiner grossen Ausstrahlung. Obschon die Brüder weltliche Berufe ausüben – vom Landwirt bis zum Töpfer (wie die Benediktinermönche natürlich auch) –, treten sie regelmässig in der Kirche zusammen, um zu meditieren und zu beten. Und auch viele Gäste, besonders junge Menschen, suchen Taizé gern auf. Unsere Welt mit ihren Silvesterpartys und Neujahrskonzerten braucht offenbar ein Gegengewicht. Die Tatsache, dass es Menschen gibt – seien sie nun katholisch oder evangelisch –, die gemeinsam das Fürbittegebet pflegen, ist ermutigend: Jemand nimmt sich Zeit, auch für mich zu beten!

Sie kennen wohl die Geschichte von Jesu Gebet im Garten Getsemani am Abend vor seinem Tod. Das Markusevangelium erzählt:

Und sie kommen an einen Ort, der Getsemani heisst. Und er sagt zu seinen Jüngern: Bleibt hier sitzen, solange ich bete. Und er nahm Petrus und Jakobus und Johannes mit sich, und er begann zu zittern und zu zagen. Und er sagt zu ihnen: Meine Seele ist zu Tode betrübt, bleibt hier und wacht! Und er ging ein paar Schritte weiter, fiel zu Boden und betete, dass, wenn es möglich sei, die Stunde an ihm vorübergehe. Und er sprach: Abba, Vater, alles ist dir möglich. Lass diesen Kelch an mir vorübergehen! Doch nicht, was ich will, sondern was du willst. Und er kommt zurück und findet sie schlafend. Und er sagt zu Petrus: Simon, du schläfst? Vermochtest du nicht eine Stunde wach zu bleiben? Wacht und betet, damit ihr nicht in Versuchung kommt! Der Geist ist willig, das Fleisch aber schwach. Und wieder ging er weg und betete mit denselben Worten. Und wieder kam er zurück und fand sie schlafend, denn die Augen waren ihnen schwer geworden, und sie wussten nicht, was sie ihm antworten sollten. Und er kommt zum dritten Mal und sagt zu ihnen: Schlaft nur weiter und ruht euch aus! Genug, die Stunde ist gekommen [...]. (Mk 14,32–41)

Ich will diesen bekannten Text jetzt nicht in allen Einzelheiten auslegen. Auffallend ist unter anderem, dass Jesus nicht nur betet und sich seinem Gott anvertraut. Sondern offensichtlich erwartet er von den Seinen, dass sie ihn in dieser schweren Stunde nicht allein lassen. Er bittet sie, ebenfalls zu beten und mit ihrer Fürbitte hinter ihm zu stehen. Er möchte darauf vertrauen können: Da denken vor Gott auch andere intensiv an mich. Da bitte nicht nur ich selbst in meiner Todesangst meinen Vater im Himmel darum, dass er den bitteren Kelch des Leidens an mir vorübergehen lassen möge, sondern auch andere solidarisieren sich mit mir, lassen mich nicht allein, und auch wenn sie ebenso hilflos und verängstigt sind wie ich, hindert sie das nicht daran, alles vor Gott hinzulegen und ebenfalls zu sagen: «Doch nicht, was ich will, sondern was du willst.»

Aber Jesu Jünger lassen ihn in diesem kritischen Moment im Stich. Statt für ihn zu beten – und zwar inständig zu beten –, schlafen sie. Möglicherweise sind sie zu müde, oder sie halten das Gebet mindestens in diesem Fall für zwecklos. Was soll das schon, wenn ein schäbiges Häuflein schwacher und unwichtiger Menschen Gott anruft? Der Gang der Weltgeschichte kann doch nicht angehalten werden! Weshalb sollte der grosse Gott überhaupt auf uns winzige Menschlein hören? Jesus widerspricht diesem Kleinglauben und diesem Kleinmut. «Wacht und betet!», sagt er zu seinen Jüngern. Auch uns gilt dieser Zuruf.

Liebe Hörerin, lieber Hörer, angeregt von diesem Bibeltext schlage ich vor, dass auch Sie und ich, die wir als Radiogemeinde auch nur – wie die Jünger Jesu – einen kleinen und wenig einflussreichen Ausschnitt aus unserer Bevölkerung darstellen, die Aufgabe übernehmen, für die anderen zu beten: für diejenigen, die jetzt ausschlafen, für diejenigen, die über Skipisten sausen, besonders aber auch für die – Politiker und Politikerinnen, Beamtinnen und Beamte –, die nicht einmal heute frei machen können, weil die Probleme dieser Welt in der Nähe und in der Ferne so riesengross sind, dass sie oft als unlösbar erscheinen. Und erinnern wir uns noch einmal an jene alte Frau, die in ihren schlaflosen Stunden alles fürbittend in ihrem Herzen bewegte.

Dass *wir* – Sie und ich – auf jeden Fall immer noch beten können, auch wenn wir sonst kaum in den Gang der grossen Welt eingreifen, gibt auch unserem Leben einen tiefen Sinn. Wir leben nicht umsonst. Auch wer, gesellschaftlich betrachtet, wenig oder nichts mehr leisten kann, wird in diesem Sinn gebraucht. Unser Gebet ist wichtig.

Ich schliesse meine Predigt zum Neujahr 2007 jetzt selbst mit einem Fürbittegebet:

Grosser und guter Gott, an diesem Neujahrsmorgen denken wir vor dir an die ganze Welt. Ohne dich würde sie ins Nichts zurückfallen. Du hast sie geschaffen, und sie ruht in deiner Hand. Du begleitest und behütest sie. Du trägst Sorge zu ihr und willst, dass auch wir Sorge zu ihr tragen. Du gibst ihr und allen deinen Geschöpfen Lebensraum und Freiheit. Du hast Geduld mit uns. Bleib uns auch dann treu, wenn wir selbst untreu werden. Lass uns nicht im Stich.

Vor dir denken wir an unsere Lieben in der Nähe und in der Ferne.

Vor dir denken wir aber auch an die, mit denen wir in Streit geraten sind. Lass uns und sie Wege der Versöhnung finden.

Vor dir denken wir an die, die eine besondere Verantwortung tragen – im Staat, in Wirtschaft und Wissenschaft, in Kirche und Religion, in Kunst und Sport.

Vor dir denken wir an alle, die heute arbeiten müssen.

Vor dir denken wir an die, die angstvoll in die Zukunft blicken und bang die Frage stellen, was das neue Jahr bringen mag.

Besonders denken wir an die Arbeitslosen, an Flüchtlinge, an Bewohnerinnen und Bewohner der Krisengebiete dieser Erde.

Vor dir denken wir auch an die Einsamen, an die Gefangenen, an die Behinderten und Kranken, an die Sterbenden, an diejenigen, die von einem lieben Menschen Abschied nehmen mussten, und an die, die Angst davor haben, einen lieben Menschen zu verlieren.

Grosser und guter Gott, du kennst uns besser, als wir uns selbst kennen. Du weisst, was wir nötig haben. Wir danken dir dafür.

Um alles bitten wir dich im Namen deines lieben Sohnes und unseres Bruders Jesus Christus. Amen.

RADIOPREDIGT AM NEUJAHR 2007

VERANTWORTUNG

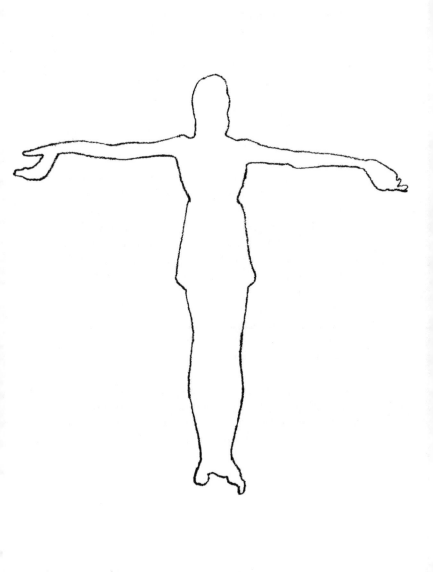

Der König der Löwen

Zu meinen Kindheitserinnerungen aus der Adventszeit gehört ganz fest das Kindermärchen, damals im alten Stadttheater Zürich. Ich zitterte vor Vorfreude und Spannung, wenn ich zusammen mit meinen Eltern den Zuschauerraum betrat mit seinem riesigen Kronleuchter, den vergoldeten Stuckaturen, vorn der Orchestergraben und dahinter der riesige Vorhang aus rotem Samt mit dem Guckloch, aus dem dann und wann ein Schauspieler oder eine Tänzerin spähte. Das Summen der Kinderstimmen erfüllte den ganzen Raum. Das Cellophan der Bonbons knisterte. Und dann: Der Vorhang hob sich. Das Publikum ging lebhaft mit. «Pass doch auf!», riefen viele Stimmen, wenn der Held oder die Heldin in Gefahr war.

Und jetzt – sechzig Jahre später – durfte ich meinen fünfeinhalbjährigen Enkel ins Theater begleiten. Mein Enkel lebt mit seiner Familie in New York. Das Musical «Der König der Löwen» wurde gegeben in einem Theater, das fast gleich wie das alte Stadttheater aussieht. Nur der Aufwand ist grösser. Die Kostüme sind ungewöhnlich phantasievoll. Die Musik stammt von Elton John. Da das Musical in Afrika spielt, liess der britische Rockmusiker sich von feurigen afrikanischen Rhythmen inspirieren. Faszinierend war ein junger Hauptdarsteller, ein etwa zehnjähriger Bub aus Harlem, der mit Begeisterung spielte, tanzte, sang und Purzelbäume schlug. Er verkörperte den Sohn des Löwenkönigs. Sein Vater zeigte ihm auf einem Felsvorsprung das ganze weite Land. «Wenn ich einmal nicht mehr da bin, wirst *du* darüber regieren.» Der Löwenjunge macht im Lauf des Abends eine ganze Lebensgeschichte durch, von der Kindheit im behüteten Elternhaus über gefährliche Abenteuer, bei denen der Vater ihm zu Hilfe kommt, bis zu dem Moment, als der Vater stirbt.

Ich kann nicht alle Einzelheiten erzählen. Auch der Löwenjunge kommt beinahe um. Doch dann wird er von einer Meerkatze und einem Warzenschwein gerettet, zwei lustigen, aber ein wenig primitiven Sonderlingen. Sie adoptieren ihn. Er fühlt sich wohl und gewöhnt sich ans Warzenschweinleben. Er vergisst das Königreich der Löwen, wo er doch der Kronprinz

war und nach dem Tod seines Vaters den Thron hätte bestei-
gen müssen. Während seiner Abwesenheit – zu Hause hält man
ihn für tot – wird das Reich von einem üblen Usurpator be-
herrscht, der auch den Tod des Vaters auf dem Gewissen hat.
Eine Hungersnot bricht aus. Aasfressende Hyänen sind an die
Stelle der stolzen und mutigen Löwen getreten. Der nun halb-
wüchsige Löwensohn Simba begnügt sich jedoch damit, das
Leben bei seinen Adoptiveltern zu geniessen.

Aber dann kommt es zum Umschwung: Während der Nacht
leuchten die Sterne über der kahlen Steppe. Und es ist Simba
auf einmal, wie wenn er die Stimme seines Vaters hörte. Ja,
man sieht sogar ein riesiges Löwengesicht am Himmel, und
dieses spricht: «Hast du vergessen, wofür du da bist? Du bist
ein Königskind. Du trägst eine ganz besondere Verantwortung. Du solltest mein Nachfolger sein. Du musst das Reich
der Löwen vor seinen inneren und äusseren Feinden schützen.
Du musst gegen das Böse kämpfen.» Simba, der Löwensohn,
hört auf diese Stimme. Er verlässt die Meerkatze und das Warzenschwein. Und so endet die Geschichte: Simba sitzt auf dem
Königsthron. Seine Frau trägt einen neugeborenen kleinen
Löwen in den Armen. Freude herrscht und wird auf das hell
jubelnde Theaterpublikum übertragen.

Liebe Hörerin, lieber Hörer, Sie wissen, dass ich Theologe bin.
Auch wenn ich zusammen mit meinem Enkel das Theater besuche, kann ich das nicht ganz vergessen. Als ich das Musical
«Der König der Löwen» sah, wirkte es auf mich wie ein Gleichnis. Das Neue Testament spricht immer neu davon, dass wir
Kinder beziehungsweise Söhne und Töchter Gottes sind. Verschiedene Bibeltexte liegen auf der gleichen Linie:

*Seht, welche Liebe uns der Vater gegeben hat, dass wir Kin-
der Gottes heissen und wir sind es. (1Joh 3,1)*

*Denn die vom Geist Gottes getrieben werden, das sind Söh-
ne und Töchter Gottes. Ihr habt doch nicht einen Geist der
Knechtschaft empfangen, um wiederum in Furcht zu leben;
nein, ihr habt einen Geist der Kindschaft empfangen, in dem*

wir rufen: Abba, Vater! Eben dieser Geist bezeugt unserem Geist, dass wir Kinder Gottes sind. Sind wir aber Kinder, dann sind wir auch Erben: Erben Gottes, Miterben Christi [...] (Röm 8,14–17)

Entscheidend an der Gotteskindschaft ist immer das Moment der Teilhaberschaft und der Erbschaft.

Im Gleichnis vom Vater und den beiden je auf ihre Art verlorenen Söhnen im Lukasevangelium ist das ganz wesentlich: Der Jüngere lässt sich das ihm zustehende Erbe auszahlen, wandert damit aus, um eine eigene Existenz aufzubauen, was ihm dann misslingt. Der Ältere bleibt zu Hause, aber nicht einfach als Angestellter – als Knecht –, sondern als Teilhaber des Vaters, als Juniorchef der Familienfirma. Er zieht daraus allerdings nicht die richtigen Konsequenzen. Gegen Ende der Geschichte, als der jüngere Bruder abgebrannt und desillusioniert nach Hause kommt und vom Vater wider alles Erwarten geradezu fürstlich empfangen und in seine alten Rechte als Sohn wieder eingesetzt wird (er bekommt einen Siegelring und – anders als die Knechte – Sandalen an die Füsse), da schmollt der ältere Bruder: «All die Jahre diene ich dir nun, und nie habe ich ein Gebot von dir übertreten. Doch mir hast du nie einen Ziegenbock gegeben, dass ich mit meinen Freunden hätte feiern können.» (Lk 15,29)

D.h., der ältere Sohn war zwar pflichtbewusst und fleissig, aber er lebte nicht wie ein Sohn – nicht wie der Juniorchef –, sondern wie ein Sklave. Vom Vater darf er sich aber sagen lassen: «Kind, du bist immer bei mir, und alles, was mein ist, ist dein.» (Lk 15, 31) – Schon mehrfach habe ich mich gefragt: Hat ihm das der Vater denn nicht schon früher gesagt? Oder hat er es einfach nicht geglaubt? – Der Apostel Paulus spricht jubelnd von der «herrlichen Freiheit der Kinder Gottes». (Röm 8,21). Kind Gottes sein heisst, dass Gott uns so behandelt, wie vernünftige und reif gewordene Eltern mit ihren erwachsen gewordenen Kindern umgehen sollten: Gott nimmt uns für voll. Gott führt uns nicht am Gängelband, sondern er nimmt unsere Entscheidungsfreiheit ernst. Er schreibt uns nicht alles vor. Er hat eine hohe Meinung von uns und überträgt uns Verantwortung.

Vielleicht haben Sie schon einmal von einer der schönsten Schriften des jungen Martin Luther gehört: «Von der Freiheit eines Christenmenschen». Luther führt darin unter anderem aus, dass Jesus Christus in der Bibel Gottes erstgeborener Sohn genannt wird. In dieser Eigenschaft hat er auch Königswürde. Und als Jesu Brüder und Schwestern haben wir Anteil daran. «Wie nun Christus die Erstgeburt innehat mit ihrer Ehre und Würdigkeit», so Luther wörtlich, «so teilt er sie allen seinen Christen [mit], dass sie durch den Glauben auch alle Könige [...] sein müssen mit Christus.» «Das ist eine gar hohe, ehrenvolle Würdigkeit und eine wirklich [...] mächtige Herrschaft, ein geistliches Königreich, da kein Ding ist so gut, so böse, es muss mir dienen zu gut, wenn ich glaube [...]. Siehe, wie ist das eine köstliche Freiheit und Gewalt der Christen.»[68] Aus dieser königlichen Freiheit des christlichen Glaubens heraus wagte Martin Luther es seinerzeit auf dem Reichstag zu Worms, sein berühmtestes Wort zu sprechen: «Hier stehe ich, ich kann nicht anders. Gott helfe mir. Amen.»[69]

Ich habe meine Predigt angefangen mit einem Musical in New York, zu dem ich meinen Enkel begleiten durfte. Ein kleiner Löwe, Simba, vergisst dort beinahe seine königliche Geburt und seinen königlichen Auftrag, seine Verantwortung, und vergisst sich um ein Haar bei den Meerkatzen und Warzenschweinen – bis er endlich in sich geht und das väterliche Erbe übernimmt, auch wenn das mit viel Mühe und mancherlei Gefahren verbunden ist. Für mich wurde die eindrückliche und spannende Theateraufführung zu einem Gleichnis für die christliche Existenz – eine königliche Löwenexistenz! Als Gotteskinder haben wir das Recht, sind zugleich aber dazu verpflichtet, Verantwortung zu übernehmen, Verantwortung für uns selbst, Verantwortung im Raum der Kirche, aber auch Verantwortung im noch viel weiteren Raum von Gesellschaft und Politik.

---

[68] Martin Luther, An den christlichen Adel deutscher Nation, Von der Freiheit eines Christenmenschen, Sendbrief vom Dolmetschen. Reclamheft 1578. Stuttgart 1962, S. 134f.
[69] Vgl. oben, S. 18, Anm. 6.

Eine königliche Löwenexistenz ist zwar oft weniger bequem als eine gemütliche, aber etwas dumpfe Meerkatzen- oder Warzenschweinexistenz. Manchmal ist sie sogar gefährlich. Denken wir an die bekannten und weniger bekannten Märtyrer, die für den christlichen Glauben Leiden auf sich nahmen, in extremen Fällen sogar den Tod. Ich persönlich wünsche mir das Martyrium zwar nicht, und auch Ihnen möchte ich es nicht zumuten. Wir sollten uns aber auf alle Fälle nicht davon abschrecken lassen, unsere christliche Verantwortung zu leben. Ich wünsche Ihnen und mir einen schönen Advent und einen guten Sonntag – als Königskinder. Amen.

RADIOPREDIGT AM 12. DEZEMBER 2004

Plädoyer für das Jüngste Gericht

Denn wir alle müssen vor dem Richterstuhl Christi erscheinen, damit ein jeder empfange, was seinen Taten entspricht, die er zu Lebzeiten getan hat, seien sie gut oder böse. (2Kor 5,10)

Liebe Hörerin, lieber Hörer! Vor kurzem erschien ein Zeitungsartikel, der mir eigentlich hätte zusagen müssen, mich aber trotzdem nicht erfreute: Unsere evangelisch-reformierte Kirche wurde gelobt und die katholische kritisiert. Hier bei uns finde man Aufgeschlossenheit und Liberalität. Auf der katholischen Seite gebe es dagegen mittelalterliche Strukturen und man zitiere sogar Bibeltexte, in denen – man höre und staune – das Jüngste Gericht vorkommt. Ist – so wurde gefragt – das Jüngste Gericht nicht wirklich passé?

Kann «mittelalterlich» wirklich als Schimpfwort verwendet werden? Ich persönlich meine: nein, wenn ich nur etwa an die romanischen und gotischen Kathedralen oder an den mittelalterlichen Dichter Walther von der Vogelweide denke. Das «finstere Mittelalter» ist keine Realität, sondern das Konstrukt von zu wenig Kundigen. In der Periode, die die Historiker als Neuzeit bezeichnen, hat es auch viel Finsteres und Unerfreuliches gegeben. Es gab nie so viele Verbrechen gegen die Menschlichkeit wie im «modernen» 20. Jahrhundert.

Und zu den Bibeltexten mit dem Jüngsten Gericht zwei Gedanken, erstens: Ich vermute, auch in evangelisch-reformierten Gottesdiensten kommen solche Texte vor. Sie stehen eben in der Bibel. Zweitens: Vielleicht wäre das sogar eine sehr banale Welt, eine Welt, in der nicht gut zu leben wäre, in der die Erinnerung an das Jüngste Gericht verboten und verdrängt ist.

Die alten Ägypter im zweiten Jahrtausend vor Christus stellten sich vor: Wenn jemand stirbt, wird er nach seinem Tod in eine grosse unterirdische Halle geführt, in die Gerichtshalle des Osiris. Der Gott sitzt hier auf seinem Thron, umgeben von 42 Totenrichtern. Das Herz des frisch Verstorbenen wird auf einer Waage ganz exakt gewogen. Und in diesen Zusammenhang gehört nun ein ergreifendes negatives Sündenbekenntnis, das das Ägyptische Totenbuch dem eben Verstorbenen in den Mund legt: «Ich habe kein Unrecht gegen Menschen begangen. Ich habe die Menschen nicht in Not gebracht. Ich habe nichts Böses getan. Ich habe nicht Gott gelästert. Ich habe mich nicht an einem Armen vergriffen. Ich habe keinen Diener bei seinem Vorgesetzten angeschwärzt.»[70]

Nun, die Vorstellung von einem Totengericht ist in diesem Fall also nicht nur mittelalterlich, sondern antik, vorbiblisch! Dürfen und können wir sagen, das Jüngste Gericht sei restlos veraltet und verjährt, allenfalls für Leute von gestern oder vorgestern, meinetwegen für aus angeblich protestantischer Sicht beklagenswerte, ein wenig hinterwäldlerische Katholiken, nur weil es sich um eine uralte Vorstellung handelt?

Es gibt kaum ein Volk, in dessen Mythologie das Jüngste Gericht unbekannt ist. Die Vorstellung gehört zum gewaltigen Bilderschatz der Menschheit. Szenen wie diejenige vom Jüngsten Gericht kommen aber auch in Träumen vor. Wenn man aus einem derartigen Traum erwacht, vielleicht schweissüberströmt, legt es sich zwar nahe, dass man Träume als sogenannte Schäume auf die Seite zu schieben versucht. «Es ist ja nur ein Traum!» Ob das mit einem solchen Traum signalisierte Problem damit bereits gelöst ist?

Ich möchte es anders versuchen. Nun, es ist wirklich wahr: Alte Texte und heutige Träume von einem Jüngsten Gericht reden eine Bildersprache und sind nicht im Massstab eins zu eins zu lesen. Das Bild, in dem unser Herz gewogen wird, dürfen wir nicht wörtlich nehmen. Es ist aber Ausdruck der Erfahrung einer tiefen und letzten Verantwortung, die unser menschliches Dasein über das tierische und pflanzliche hinaushebt. Weil Menschen Menschen und nicht Tiere sind, gibt es das Phänomen der Schuld. Das Bild von einem Jüngsten Ge-

---

[70] Dieses und die folgenden Zitate aus dem Ägyptischen Totenbuch nach: Walter Beyerlin (Herausgeber), Religionsgeschichtliches Textbuch zum Alten Testament. Göttingen 1975, S. 90f. (leicht redigiert von F.J.).

richt ist ein Ausdruck des Bewusstseins, dass nicht gleichgültig ist, wie jemand lebt. Es gibt fundamentale Werte und Normen, die man nicht ungestraft verletzt.

Noch einmal das ägyptische Totenbuch: «Ich habe nicht getötet. Ich habe nicht zu töten geheissen. Ich habe nicht das Leiden irgendwelcher Leute verursacht. Ich habe nichts zugefügt noch vermindert am Scheffel. Ich habe nichts vermindert am Ackermass. Ich habe nichts fortgenommen an Ackerland. Ich habe nichts zugefügt am Gewicht der Standwaage, ich habe nichts verringert am Lot der Handwaage.» Der alte, auf den ersten Blick seltsam selbstgerechte Text dokumentiert, dass es – mit dem heutigen katholischen Theologen Hans Küng formuliert – wirklich ein Weltethos gibt, das die verschiedenen Kulturen und Religionen übergreift. Nicht nur Angehörige des Christentums und des Judentums wissen etwas davon, dass eindeutige Grenzen vorhanden sind. Es gibt Grundwerte und Grundnormen u.a. auch im Islam, im Buddhismus und Hinduismus und auch in schriftlosen Kulturen.

Ein drittes und letztes Mal das ägyptische Totenbuch: «Ich habe nicht die Milch aus dem Mund des Säuglings fortgenommen. Ich habe nicht das Kleinvieh seiner Kräuter beraubt. Ich habe das Wasser nicht abgeleitet.» Das für die ganze Volksgemeinschaft nötige Wasser darf ich nicht in meine privaten Kanäle ableiten. Und ein wehrloses Kind hat ganz eindeutig ein uneingeschränktes Recht auf Leben. Ich darf es nicht um die für es bestimmte Milch betrügen. Das Bild vom Jüngsten Gericht möchte uns einprägen: Nicht einmal in den Tod kann man sich davonstehlen, wenn man eine elementare Norm verletzt hat.

Nach meiner Sicht wäre es verhängnisvoll, wenn sich jemand als gestrig oder vorgestrig verhöhnen lassen müsste, nur weil er an einer derartigen Verantwortung von uns Menschen, aller Menschen, die den Anspruch darauf erheben, als Menschen ernst genommen zu werden, festhält. Auch die christliche Bibel hat die Vorstellung des Jüngsten Gerichts übernommen. «Denn wir alle müssen vor dem Richterstuhl Christi erscheinen, damit ein jeder empfange, was seinen Taten entspricht, die er zu Lebzeiten getan hat, seien sie gut oder böse», schreibt der Apostel Paulus (2Kor 5,10). «Und wenn einer doch sündigt, haben wir einen Fürsprecher beim Vater, Jesus Christus, den Gerechten», lesen wir im ersten Johannesbrief (1Joh 2,1). Die christliche Bibel denkt gleich über die menschliche Verantwortung wie die übrigen Religionen. Das Neue Testament verheisst uns aber, dass Christus uns als Anwalt oder Fürsprecher in der letzten Prüfung, bei der man nicht mehr «schummeln» kann, unverbrüchlich beisteht. Wir sind zwar verantwortlich für das, was wir tun, und für das, was wir unterlassen. Wir sind aber nicht allein. Aus der Sicht des christlichen Glaubens muss man sich nicht mit einem negativen Sündenbekenntnis selbst rechtfertigen wie im ägyptischen Totenbuch, was ja wohl ein sehr schwieriges Unternehmen wäre, wenn nicht sogar aussichtslos. Ein anderer steht uns bei. Wer aber das Bild vom Jüngsten Gericht abschaffen will, scheinbar aus Aufgeklärtheit und Modernität, der muss auch alles im Neuen Testament weglassen, was dort über Gnade und Rechtfertigung geschrieben steht. Doch das wäre ein weiteres Thema. Ohne das Bild vom Jüngsten Gericht wäre die Menschheit ärmer. Sie wäre weniger verantwortungsbewusst und deshalb auch weniger menschlich. Und wir möchten doch wohl alle wirkliche Menschen sein oder wirkliche Menschen werden. Amen.

RADIOPREDIGT AM 4. FEBRUAR 2001

Berufung

Ein Freund schlug mir vor, eine Predigt über das Thema Berufung zu halten. Zuerst war ich etwas verblüfft. Von mir aus wäre ich nicht darauf gekommen. Doch nach kurzem Nachdenken war mir klar: Das Wort Berufung eignet sich gut, um Wichtiges und Zentrales am christlichen Glauben zur Sprache zu bringen. Das Wort Berufung hilft uns, auf das Wesentliche zu achten. Berufung kommt von Ruf. Und dass Gott uns Menschen ruft, ist eine der Haupteigenschaften Gottes, wie er in der jüdischen und christlichen Bibel dargestellt ist.

«[Adam], wo bist du?» ruft Gott in der Geschichte von Adam und Eva im Paradies (Gen 3,9). «[Kain], wo ist dein Bruder Abel?» heisst es in der folgenden Geschichte (Gen 4,9). In beiden Fällen geht es darum, dass Menschen zur Verantwortung gezogen werden. Vor Gott können sie sich nicht verstecken. Und dieser Gott erhebt einen Anspruch auf sie. Gott ist in beiden Fällen nicht einfach – wie man es sich oft vorstellt – eine namenlose und mehr oder weniger unverbindliche kosmische Energie, sondern – ich möchte es so sagen: er gibt etwas, und er verlangt etwas. In beiden Geschichten ist er Schöpfer, Erhalter und Erlöser. In der Geschichte von Adam und Eva hat er dem Paar nicht nur diesen wunderschönen Garten zur Verfügung gestellt. Er bleibt ihnen auch treu, nachdem sie sein Gebot übertreten haben, was besonders bildhaft in der Szene zum Ausdruck kommt, in der er ihnen Röcke aus Fellen macht. (Gen 3,21) Und in der Kainsgeschichte ist es das sprichwörtliche Kainszeichen, das sichtbar macht, dass auch der Brudermörder unter dem persönlichen Schutz Gottes steht. (Gen 4,15) Niemand darf ihn töten. Und er erhält die Möglichkeit zu einem neuen, besser gelingenden Leben.

Aber Gott gibt nicht nur, sondern er verlangt etwas. Adam und Eva müssen sich an die ihnen von Gott gesetzte Rahmenordnung halten und nicht masslos werden. Kain wird mit grossem Ernst nach seinem Bruder gefragt. Noch einmal: «[Kain], wo ist dein Bruder Abel?» Ganz unabhängig vom vorliegenden Erzählzusammenhang wird hier eine Grundstruktur des biblischen Menschenbildes sichtbar. Wir Menschen sind als Brüder und Schwestern geschaffen. Wir sind wechselseitig füreinander verantwortlich. Kains Antwort: «Bin ich denn der Hüter meines Bruders?» (Gen 4,9) disqualifiziert sich selbst.

Wenn ich das Wort Berufung nehme und damit wie mit einem Scheinwerfer die verschiedenen biblischen Traditionen beleuchte, stosse ich immer wieder auf das Gleiche. Besonders eindrücklich finde ich seit langem die Geschichte, in der Gott Mose beruft.

Und Mose weidete die Schafe seines Schwiegervaters Jitro, des Priesters von Midian. Und er trieb die Schafe über die Wüste hinaus und kam an den Gottesberg, den Choreb. Da erschien ihm der Bote des HERRN in einer Feuerflamme mitten aus dem Dornbusch. Und er sah hin, und sieh, der Dornbusch stand in Flammen, aber der Dornbusch wurde nicht verzehrt. Da dachte Mose: Ich will hingehen und diese grosse Erscheinung ansehen. Warum verbrennt der Dornbusch nicht? Und der HERR sah, dass er kam, um zu schauen. Und Gott rief ihn aus dem Dornbusch und sprach: Mose, Mose! Und er sprach: Hier bin ich. Und er sprach: Komm nicht näher. Nimm deine Sandalen von den Füssen, denn der Ort, wo du stehst, ist heiliger Boden. Dann sprach er: Ich bin der Gott deines Vaters, der Gott Abrahams, der Gott Isaaks und der Gott Jakobs. Da verhüllte Mose sein Angesicht, denn er fürchtete sich, zu Gott hin zu blicken. Und der HERR sprach: Ich habe das Elend meines Volks in Ägypten gesehen, und ihr Schreien über ihre Antreiber habe ich gehört, ich kenne seine Schmerzen. So bin ich herabgestiegen, um es aus der Hand Ägyptens zu erretten und aus jenem Land hinaufzuführen in ein schönes und weites Land, in ein Land, wo Milch und Honig fliessen [...]. Sieh, das Schreien der Israeliten ist zu mir gedrungen, und ich habe auch gesehen, wie die Ägypter sie quälen. Und nun geh, ich sende dich zum Pharao. Führe mein Volk, die Israeliten, heraus aus Ägypten. (Ex 3,1–10)

Die Geschichte kann uns helfen, Wesentliches am jüdischen und christlichen Glauben zu beschreiben. Um mich zu wiederholen: Der biblische Gott ist etwas anderes und mehr als eine namenlose und mehr oder weniger unverbindliche kosmische Energie. Der biblische Gott spricht uns an, und wir dürfen ihm antworten. Der biblische Gott ruft und beruft uns. Dem biblischen Gott ist es nicht gleichgültig, wie es uns geht und wie wir uns benehmen.

In der Geschichte von der Berufung des Mose ist Gott zutiefst darüber bekümmert, dass da Menschen von andern Menschen unterdrückt und ausgebeutet werden. Er will, dass diese Menschen befreit werden und ihre Menschenwürde erlangen. Denn Versklavte und Unterdrückte, Menschen ohne Selbstbestimmungsrecht, sind in ihrer Menschenwürde beeinträchtigt. Es gehört wesentlich zum Menschsein, dass man seinen Lebensentwurf frei gestalten kann, dass nicht andere – und sei es vielleicht noch so gut gemeint – für einen entscheiden. Nur wer frei ist, kann dann auch auf seine Verantwortung angesprochen werden. Nicht umsonst beginnen einige Kapitel später im Alten Testament die Zehn Gebote so: «Ich bin der HERR, dein Gott, der dich herausgeführt hat aus dem Land Ägypten, aus einem Sklavenhaus. Du sollst [...].» (Ex 20,2f.) Und so weiter. Erst nachdem die Israeliten frei geworden sind, beginnt die ethische Verpflichtung.

Doch zurück zur Geschichte von Moses Berufung: Abgesehen von der ganz präzisen Gottesvorstellung – Gott ist ein Gott, der sich um die Unterdrückten kümmert und ihre Befreiung will –, ist nun auch die andere Seite wichtig. Mose hört diesen Ruf. Mose erhält seinerseits einen präzisen Auftrag. Gott greift nicht unmittelbar in die Geschichte ein, sondern er beruft einen Menschen. Dieser soll zum Pharao gehen, vor ihn hintreten und Freiheit für die Unterdrückten fordern.

Diejenigen von Ihnen, die bibelkundig sind, wissen, dass dieser von Gott berufene Mensch keineswegs ein grosser Held ist. Mose sträubt sich zunächst gegen diesen Auftrag. «Mose aber sagte zu Gott: Wer bin ich, dass ich zum Pharao gehen und die Israeliten aus Ägypten herausführen könnte?» (Ex 3,11) «Herr, ich bin kein Mann von Worten. Ich war es früher nicht und bin es auch nicht, seit du zu deinem Diener redest; schwerfällig sind mein Mund und meine Zunge.» (Ex 4,10) Ich vermute, Mose hatte recht. Seine Ängste und Bedenken waren nicht unbegründet. Er war kein begabter Redner.

Aber ist nicht gerade das ein ermutigender Zug an dieser Berufungsgeschichte? Gott sucht nicht einen Übermenschen aus, um die Unterdrückten in die Freiheit zu führen, sondern – um es plakativ zu sagen – jemanden wie dich und mich, jemanden, der seine Grenzen hat. Es ist dies ein Aspekt, der durch das ganze Alte und Neue Testament hindurchgeht. Die Hauptgestalten der biblischen Geschichten sind Menschen mit Stärken und Schwächen, wobei die Schwächen fast immer überwiegen. Ich denke an David, der bekanntlich nicht nur ein erfolgreicher General, sondern auch ein Ehebrecher war (2Sam 11).

Oder nehmen wir den Apostelfürsten Petrus im Neuen Testament. Nachdem Jesus verhaftet worden ist, wird Petrus darauf angesprochen: «Auch du warst mit dem Nazarener, mit Jesus.» (Mk 14,67) «Da begann er zu fluchen und zu schwören: Ich kenne den Menschen nicht, von dem ihr redet. Und sogleich krähte der Hahn [...].» (Mk 14,71f.) Und doch wurde Petrus gewürdigt, den Auferstandenen zu sehen und eine tragende Säule in der Geschichte der frühen Christenheit zu werden, wie unsere römisch-katholischen Brüder und Schwestern es sehen, sogar der erste Papst.

Gott ruft und beruft durchschnittliche und fehlbare Menschen, denen er aber trotzdem das grosse Vertrauen entgegenbringt, dass sie je an ihrem Ort etwas zu seinem Reich beitragen.

Berufung ist in der Tat ein Grundwort des biblischen Glaubens. «[Adam], wo bist du?» «[Kain], wo ist dein Bruder Abel?» «Sieh, das Schreien der Israeliten ist zu mir gedrungen, und ich habe auch gesehen, wie die Ägypter sie quälen. Und nun geh, ich sende dich zum Pharao. Führe mein Volk, die Israeliten, heraus aus Ägypten.» Es geht darum, diesen Ruf zu hören und dieser Berufung zu folgen. Berufung beinhaltet einen Auftrag. Amen.

RADIOPREDIGT AM 19. JANUAR 2003 [71]

---

[71] Diese Predigt wurde auch auf Englisch gehalten, am 23. Februar 2003 als Fastenpredigt am Trinity College in Dublin. Das Thema wurde mir von Dublin gestellt.

Barmherzigkeit

Es sind schon sechs Wochen her, aber der Anlass ist immer noch aktuell: Am Samstag, dem 1. September, wurde Bundespräsident Moritz Leuenberger in einer feierlichen Zeremonie der Aufruf der Kirchen zur sozialen und wirtschaftlichen Zukunft der Schweiz überreicht – ein kirchliches Fest mit politischer und wirtschaftlicher Dimension.

Aber was hat der Glaube mit Politik und Wirtschaft zu tun? Nun, es mag Religionen geben, die sich ausschliesslich für das Jenseits, einen persönlichen Glauben oder eine mystische Innerlichkeit interessieren. Nicht so das Christentum! Einige typische Zitate: «Eine schweigende, eine dem Zeitgeschehen bloss zuschauende Gemeinde wäre nicht die christliche Gemeinde.» «Lieber soll [die christliche Gemeinde] dreimal zu viel für die Schwachen eintreten, als einmal zu wenig, lieber unangenehm laut ihre Stimme erheben, wo Recht und Freiheit gefährdet sind, als etwa angenehm leise!»[72] Soweit die Worte des grossen evangelischen Theologen Karl Barth in der Zeit des Zweiten Weltkriegs. Und so sagte es ein anderer grosser evangelischer Theologe, der Zürcher Emil Brunner: «Nicht an deinem Gebet zeigt sich, wie es zwischen dir und Gott steht, sondern an deinem Geld. Nicht deine Sonntagsheiligung ist Gott das Wichtigste, sondern deine Werktagsheiligung, nicht dein sogenanntes geistiges Leben, sondern dein Leben in der leiblichen, brutalen Wirklichkeit – dein Essen und Trinken, deine Sorge um Wohnung und Kleidung. Was du mit deinem Bankbüchlein machst, interessiert Gott mindestens so viel, wie was du mit deiner Bibel machst.»[73] Und schliesslich möchte ich Kurt Koch, den Bischof von Basel, zitieren: «Für Christen und Kirchen kann es [...] nicht genügen, die erbärmliche Lage der Leidenden nur anzuklagen und zu interpretieren; sie ha-

---

[72] Karl Barth, Eine Schweizer Stimme. 3. Auflage. Zürich 1985, S. 329.
[73] Nach: Uwe Lüdemann, Denken – Glauben – Predigen. Eine kritische Auseinandersetzung mit Emil Brunners Lehre vom Menschen im Widerspruch. Frankfurt am Main, Berlin, Bern, New York, Paris, Wien 1998, S. 469.

ben vielmehr auch bei den politischen Instanzen zu interpellieren, indem sie ihnen ihre Verantwortung einschärfen und sich im Namen des biblisch offenbaren Gottes zu Anwälten derjenigen Menschen machen, die in ihren elementaren Lebensrechten bedroht und beschnitten werden.»[74] An diesem Punkt herrscht ein unbestrittener ökumenischer Konsens.

Sie kennen das Gleichnis vom barmherzigen Samaritaner im Neuen Testament (Lk 10,25–37). Im Anschluss daran möchte ich formulieren: Wo immer Menschen in der Nachfolge Jesu stehen – oder noch besser: zu gehen versuchen –, versteht es sich von selbst, dass man nicht mit krampfhaft auf die andere Seite gerichteten Augen weitergehen kann, wenn ein Unter-die-Räuber-Gefallener blutüberströmt und hilflos daliegt. Das heute nicht mehr so geläufige Wort «Barmherzigkeit» hat es in sich. In den biblischen Originalsprachen hängt es mit dem Wort für Eingeweide zusammen. Wer Barmherzigkeit empfindet, spürt, wie seine Eingeweide sich zusammenkrampfen. Angesichts einer fremden Not bekommt er oder sie förmlich Bauchschmerzen. Sie können gar nicht anders: Ohne viel zu überlegen, packen sie einfach zu und tun, was nötig ist. Barmherzigkeit ist aktives Engagiertsein.

Ich möchte immer noch vorhandene Lücken in unserem Sozialsystem nicht in Abrede stellen. Persönlich bin ich zum Beispiel der Meinung, dass endlich eine praktikable Lösung für einen allgemeinen Mutterschutz geschaffen werden muss, und ich bin froh, dass sich eine nun endlich abzuzeichnen scheint.[75] Trotzdem können wir grundsätzlich auf das im Verlauf der letzten zwei Generationen in der Schweiz Erreichte ziemlich stolz sein. AHV und IV werden mit Recht als Jahrhundertwerke bezeichnet. Ein noch so gut ausgebautes Sozialversicherungssystem genügt aber nicht, wenn dabei die persönliche Barmherzigkeit verloren geht, die spontane und tätige

---

[74] Kurt Koch, Aufbruch statt Resignation. Stichworte zu einem engagierten Christentum. Zürich 1990, S. 245.

[75] Am 1. Juli 2005 ist auf Grund der Volksabstimmung vom 26. September 2004 das lange erdauerte Gesetz über die Mutterschaftsversicherung in der Schweiz in Kraft getreten.

Hilfsbereitschaft. Eine Gesellschaft wird kalt, wenn sie sich daran gewöhnt, dass alle Probleme von eigens für sie geschaffenen Institutionen übernommen werden. Und streng genommen ist das auch nicht möglich. Wo kämen wir hin, wenn es nicht mehr vorkäme, dass Familienangehörige selbst hilfreich eingreifen, wenn zum Beispiel ein alter Vater oder eine alte Mutter abhängig und pflegebedürftig geworden ist? Und zum Glück kommt es ja viel häufiger vor, als uns oft bewusst ist, dass etwa auch die Nachbarschaftshilfe immer noch funktioniert. Man steht sich beim Einkaufen bei und bringt jemanden aus der Nachbarschaft im Auto ins Spital. Eine frisch pensionierte Serviceangestellte erzählte mir vor einigen Wochen, sie und vier ihrer Freundinnen wechselten miteinander ab, jeden Nachmittag am Bett einer todkranken Kollegin zu sitzen und sie spüren zu lassen, dass sie nicht allein sei. Das ist Barmherzigkeit in der Schweiz im Jahr 2001.

Doch noch einmal zum Gleichnis vom barmherzigen Samariter: Wichtig scheint mir daran vor allem der folgende Aspekt: Der Abschnitt im Lukasevangelium beginnt mit einer theoretischen Diskussion über die Frage «Was muss ich tun, damit ich ewiges Leben erbe?» (Lk 10,25) Das Doppelgebot der Gottes- und Nächstenliebe wird aus dem jüdischen Alten Testament zitiert. Es verbleibt aber alles zunächst im Bereich des Unverbindlichen und Allgemeinen. Und man könnte sich nun stundenlang darüber unterhalten, wer der Nächste sei, wo die ethische Verpflichtung beginnt und aufhört. Doch auf einmal wird die Lage ernst. Jesus erzählt die Geschichte, die wir alle kennen. Und am Schluss kehrt er die Frage um. Es heisst nicht mehr gemütlich und unverbindlich, wer mein Nächster sei. Sondern Jesus sagt: Versetze dich in die Lage desjenigen, der unter die Räuber gefallen ist und hilflos am Wegrand liegt, und überlege dir, wie *er* die Frage beantworten würde. Für ihn wäre es nicht eine theoretische, sondern eine praktische Frage. Für ihn wäre es auch ein sehr Leichtes, sie zu beantworten: Derjenige ist mein Nächster, der jetzt gerade vorbeigeht und die Möglichkeit hat, mir zu helfen.

Das Gleichnis ist also zutiefst und zuletzt eine Einladung – oder noch mehr: eine dringende Aufforderung –, die Welt wenigstens vorübergehend einmal nicht aus der Perspektive dessen zu betrachten, dem es mehr oder weniger gut geht, sondern dessen, der ganz unten ist und – wie es in der Bibel heisst – «halb tot» ist (Lk 10,30). Ich denke eigentlich nicht, dass die meisten Menschen kaltherzig und böse sind, wenn sie gewisse Probleme in der Nähe oder in der Ferne nicht zur Kenntnis nehmen wollen. Aber es fehlt ihnen die Phantasie, die Einbildungskraft, sich vorzustellen, wie die Welt zum Beispiel in den Augen eines Menschen aussieht, der mit der Bitte um Asyl an unseren Türen anklopft.

In früheren Jahren erteilte ich Religionsunterricht an einer Kantonsschule. Bereits damals gab es Asylbewerber und Asylbewerberinnen in der Schweiz, da die Flucht über die Grenzen von Ländern und Kontinenten hinweg seit Jahrzehnten leider ja ein Dauerthema ist. Eine Gymnasiastin sagte (psychologisch bis zu einem gewissen Grad einfühlbar), sie fühle sich von Asylbewerbern bedroht. Auf ihrem Weg zur Schule müsse sie mit dem Fahrrad an einem Heim vorbeifahren, in dem Flüchtlinge wohnten. Und die vorwiegend jungen Männer schauten den ganzen Tag zum Fenster hinaus. Das sei beängstigend und schrecklich. Keiner der jungen Männer hatte dem jungen Mädchen etwas angetan. Es hatte noch nie mit einem gesprochen und war auch noch nie von einem angesprochen worden. Sie schauten nur zum Fenster hinaus.

Wenn wir angeleitet durch Jesu Gleichnis vom barmherzigen Samaritaner unsere Einbildungskraft anstrengen und uns vorzustellen versuchen, was das heisst: Ich bin in einem fremden Land. Ich verstehe die Sprache nicht. Ich darf nicht arbeiten. Ich weiss nicht, ob man mich behalten wird oder nicht. Ich habe vom Morgen bis zum Abend beinahe nichts zu tun. Es bleibt mir gar nichts anderes übrig, als aus dem Fenster zu schauen und darauf zu warten, bis die Sonne untergeht. Ist dieses Verhalten so beängstigend und schrecklich?

In vielen Gesprächen habe ich festgestellt, dass manche nicht wissen, dass Asylbewerberinnen und Asylbewerber in der ersten Zeit nicht arbeiten dürfen, dass es deshalb völlig abwegig ist, ihnen Schmarotzertum und Faulheit vorzuwerfen. Oder man kennt die statistischen Zahlen nicht und weiss deshalb nicht, dass gemessen an der ausländischen Wohnbevölkerung in der Schweiz der prozentuale Anteil der Asylbewerberinnen und Asylbewerber verblüffend klein ist: Von 1,5 Millionen Ausländerinnen und Ausländern nur 6,6 Prozent, von der gesamten Wohnbevölkerung der Schweiz sogar nur 1,4 Prozent.

Das Gleichnis vom barmherzigen Samaritaner endet so: «Wer von diesen dreien, meinst du, ist dem, der unter die Räuber fiel, der Nächste geworden? Der sagte: Derjenige, der ihm Barmherzigkeit erwiesen hat. Da sagte Jesus zu ihm: Geh auch du und handle ebenso.» (Lk 10,36f.) Dazu lässt sich nichts hinzufügen als: Nehmen wir es uns zu Herzen. Oder mit der Bundspräsident Leuenberger überreichten Schlussbotschaft der Ökumenischen Konsultation: «Unser aller Aufgabe ist es, jedem Menschen zu ermöglichen, am gemeinsamen Leben voll teilzunehmen.»[76] Amen.

RADIOPREDIGT AM 14. OKTOBER 2001[77]

[76] Vgl. http://www.kirchen.ch/konsultation/download/brief_dt.pdf.
[77] Die Predigt wurde zunächst geschrieben für einen ökumenischen Bettagsgottesdienst in Emmenbrücke LU.

Parsifal

Und als der Herr sie sah, hatte er Mitleid mit ihr und
sagte zu ihr: Weine nicht! (Lk 7,13)

Liebe Hörerin, lieber Hörer, ich möchte meine Predigt mit einem persönlichen Erlebnis beginnen: Unlängst besuchte ich
eine Aufführung von Richard Wagners «Parsifal» im Opernhaus Zürich. Man hat selten Gelegenheit, dieses gewaltige
Werk zu hören und zu sehen. Man sitzt mehr als fünf Stunden im Theater. Das Publikum ist gefordert, noch mehr die
Ausführenden – vom Dirigenten bis zu den Bühnenarbeitern.
Sie fragen jetzt vielleicht: Ist dieses Werk – uraufgeführt in
Bayreuth 1882 – noch zeitgemäss? Immerhin: Alle Vorstellungen in Zürich waren ausverkauft. Man sah auch junge Leute, sichtlich interessiert. Das Fernsehen war da, um die Aufführung aufzuzeichnen. Gelegentlich wird man sie also überall
in der Schweiz miterleben können.

Während der Aufführung gingen mir verschiedene Gedanken durch den Kopf. Die Musik faszinierte mich. Über den
Text wunderte ich mich zum Teil. Verschiedene religiöse Motive – christliche und auch buddhistische – sind ineinander verschlungen und verwoben. Wagners «Parsifal» ist unter anderem ein Beispiel jener «Flickenteppich-Religion», wie sie heute
verbreitet ist, seitdem die klassischen christlichen Konfessionen – bei uns der römische Katholizismus und der Protestantismus – das Religionsmonopol verloren haben. Als Theologe
habe ich in diesem Zusammenhang kritische Fragen. Geht das
denn wirklich – ist es nachhaltig: ein selbst gebasteltes religiöses Weltbild? Ich bin skeptisch.

Ich will deshalb jetzt hier auch nicht in eine Richard-Wagner- oder Parsifal-Schwärmerei ausbrechen, sondern versuchen, trotz der zauberhaften Musik abwägend und nüchtern
zu bleiben. Und doch rede ich in meiner heutigen Predigt nun
also über «Parsifal». *Etwas* habe ich in diesem Werk gefunden, das mich bewegt und das ich behaltens- und erwägenswert finde und das, wie ich meine, wesentlich auch zum Christentum gehört. Es geht um das Stichwort «Mitleid».

Um das zu erklären, muss ich von der Handlung erzählen. Zwei der wichtigsten Hauptfiguren sind Kundry, eine Frau, und Parsifal, ein Mann. Kundry wohnte gemäss einer Legende zur Zeit, als Jesus gekreuzigt wurde, in Jerusalem. Sie gehörte zu den Frauen, die dabeistanden, als Jesus gezwungen wurde, sein Kreuz nach Golgota zu tragen. Als sie den gepeinigten Jesus sah, lachte sie. Seither – so die Legende – ist sie verflucht. Sie kann nicht sterben. Rastlos streift sie durch die Welt und sehnt sich nach Vergebung und Erlösung.

Liebe Hörerin, lieber Hörer, diese Gestalt der Kundry macht mir einen tiefen Eindruck. Wenn man es sich überlegt, ist ihre Schuld gering. Sie selbst hat Jesus ja nicht gequält. Sie hat einfach in einem falschen Moment gelacht. Vielleicht verhielt es sich damit so, dass sie sich das Leid des zum Tod Verurteilen, der an ihr vorüberging, nicht zu nahe kommen lassen wollte. Sie wollte distanziert bleiben, weil die Erschütterung für ihre Seele sonst zu gewaltig gewesen wäre. Lachen ist in diesem Fall ein oft gesuchter Ausweg.

Ich denke, die meisten von uns kennen solche Reaktionen aus dem eigenen Leben. Es passieren täglich so viele grauenhafte Dinge in der Welt. In allen Nachrichten wimmelt es von Schrecklichem, weshalb es schlicht unmöglich ist, alles ernsthaft in sich aufzunehmen, über jeden Bombenanschlag tief betroffen zu sein und über jedes Unfallopfer zu weinen. Man könnte sonst überhaupt nicht mehr schlafen und seinen Alltagspflichten nicht mehr genügen. Wenn auch nicht aus Bosheit, so doch aus Verlegenheit haben viele von uns wohl schon ebenfalls über etwas Trauriges gelacht oder mindestens die Augen davor verschlossen. Kundry in Wagners «Parsifal» ist für mich das Beispiel einer Haltung gegenüber fremdem Leid, die – wenn ich ehrlich bin – auch mir selbst nicht fremd ist.

Und jetzt zur andern Hauptfigur in Wagners Musikdrama, zu Parsifal, der dem Stück den Titel gibt: Dieser ist ein junger Bursche und ist zufällig anwesend, als ein schwer verwundeter Mann vor Schmerzen stöhnt. Die Qual dieses Mannes ist so gross, dass er am liebsten sterben möchte. Aber Parsifal mangelt es offensichtlich an Einfühlungsvermögen und Phantasie. Ohne Anteilnahme steht er da. Die scheinbar so einfache Frage kommt ihm nicht in den Sinn: «Was fehlt denn diesem Mann?» Oder: «Kann ich helfen?» Anders als Kundry vor dem das Kreuz tragenden Jesus lacht Parsifal zwar nicht. Er ist aber seltsam apathisch und uninteressiert. In diesem Sinn ist er vielleicht ein noch typischeres Beispiel für eine in unserer Gesellschaft weit verbreitete Haltung. Es wurde schon beobachtet: Da wird z.B. in der Untergrundbahn in einer Grossstadt ein Mensch massiv verprügelt – und alle schauen weg. Niemand ruft die Polizei.

Vielleicht kennen Sie die aus Asien stammende Darstellung von den drei Affen, die sich die Augen, die Ohren und den Mund zuhalten. «Nichts Böses sehen, nichts Böses hören, nichts Böses sagen.» Sich ja nicht einmischen, wo etwas Unangenehmes passiert! Man könnte sonst nur Schwierigkeiten bekommen!

Zurück zu Wagners «Parsifal»! Wenn man die Handlung des Dramas kurz zusammenfasst, dann verläuft sie so: In einem äusserst mühsamen und langwierigen Prozess lernt der junge – und später dann nicht mehr so junge – Parsifal, ein mitleidiger und damit ein mit leidender Mensch zu werden – und so ein *wirklicher* Mensch, ein wahrhaft menschlicher Mensch. Er schottet sich nicht mehr ab. Er lässt fremdes Leiden und Leid an sich herankommen und sich davon berühren. Unter anderem wird es ihm dadurch auch möglich, Kundry, die sich so sehr darüber quält, im falschen Augenblick gelacht zu haben, erfahren zu lassen, dass Jesus Christus auch für sie am Kreuz gestorben ist. Ihre Schuld hat Jesus längst vergeben.

Liebe Hörerin, lieber Hörer, noch einmal will ich unterstreichen: Ich weiss, dass einiges an Wagners «Parsifal» nicht unproblematisch ist – und wohl auch zu stark gekünstelt. Und doch habe ich in diesem grossen Werk eine Botschaft gehört, die überraschend aktuell ist. Sie ist wichtig für unsere heutige Gesellschaft und für die ganze Welt. Wir sehen jeden Tag so viel Not, dass wir apathisch werden. Das heisst, wir werden teilnahmslos gegenüber jenen Menschen, die leiden oder denen Leid zugefügt wird; und die Gefahr dabei ist, dass diese Apathie noch zunimmt.

Viele haben sich an diese Passivität gewöhnt – und leider häufig auch ich selbst. Ich fühle höchstens noch ganz dosiert ein ganz klein wenig mit. Oder, wenn es jemanden in der eigenen Familie trifft oder sonst in unserer unmittelbaren Nähe, wird aus dem Mitfühlen vielleicht ein Mitleiden, aber nur in Grenzen. Nicht immer, aber oft ist unsere Gesellschaft kalt. Wohltätig sein ist gut, aber nur dann, wenn es andere tun: der Staat oder gemeinnützige Werke. An sie lassen sich der gute Wille und das gute Tun delegieren. – Dabei kann doch jeder mitfühlen, jede mit leiden. Alle können etwas dazu beitragen, Probleme zu lösen und die Not abzuwenden; jede und jeder kann das.

Das ist nicht neu. Schon im Alten Testament wird Gott so dargestellt. Im Buch des Propheten Hosea sagt er:

«Mein Herz kehrt sich um in mir, all mein Mitleid ist entbrannt. Ich will meinen glühenden Zorn nicht vollstrecken [...].» (Hos 11,8f.)[78]

Es ist dies ein zutiefst berührendes Gottesbild. Gott leidet selbst mit. Es ist ihm nicht gleichgültig, was mit uns geschieht, weshalb er Gnade vor Recht ergehen lassen will.

«Denn Gott bin ich und nicht ein Mensch, heilig in deiner Mitte, doch nicht ein Vertilger.» (Hos 11,9)[79]

Aus dem Neuen Testament ist uns die Geschichte von der Auferweckung des Jünglings von Nain überliefert. Jesus lässt sich hier vom Leid einer fremden Frau berühren, die ihren einzigen Sohn zu Grabe tragen muss:

«Und als der Herr sie sah, hatte er Mitleid mit ihr und sagte zu ihr: Weine nicht!» (Lk 7,13)

Nicht nur Gott, sondern auch Jesus ist nicht apathisch – geschweige denn, dass er lachte –, wo andere leiden. Er ist voll

---

[78] Zürcher Bibel von 1931.
[79] Ebenda.

von Mitgefühl, welches ihn aus seinem Innersten heraus zum Helfen bewegt.

Der Abschnitt im Lukasevangelium ist eine berührende Szene, geprägt von einem tiefen Mitleid. Insofern klingt uns aus Wagners «Parsifal» in der Tat etwas fundamental Christliches entgegen. Ich will es mir selbst gesagt sein lassen und anderen weitergeben: Wo Menschen ihre Gefühle nicht unterdrücken, sondern Mitleid empfinden, wird es wärmer in der Welt. Amen.

RADIOPREDIGT AM 20. MAI 2007

Die goldene Regel

Und wie ihr wollt, dass die Leute mit euch umgehen, so geht auch mit ihnen um. (Lk 6,31; vgl. Mt 7,12)

Liebe Gemeinde aus Universität und Stadt! Advent hat viele Facetten: Vorfreude auf die Festtage, Hektik der Vorbereitung, aber auch Insichgehen. In diesem Gottesdienst singen und beten wir. Wir hören Musik. Und Besinnung auf eine Grundfrage des Lebens und Zusammenlebens ist angesagt. Professor Klaus Vallender[80] hat den von ihm selbst gewählten Bibeltext gelesen, in dessen Mittelpunkt die seit dem 18. Jahrhundert so genannte goldene Regel steht: «Und wie ihr wollt, dass die Leute mit euch umgehen, so geht auch mit ihnen um.» (Lk 6,31; vgl. Mt 7,12)

Ich lade zunächst zu einer imaginären Weltreise ein. Wir besuchen als erste Station das antike China. Dsï Gung, ein chinesischer Weiser, debattiert mit Konfuzius: «Gibt es ein Wort, nach dem man das ganze Leben hindurch handeln kann?» Konfuzius spricht: «Die Nächstenliebe. Was du selbst nicht wünschst, tu nicht an anderen.»[81]

Nach China besuchen wir das alte Griechenland und treffen dort Homer. In der Odyssee findet sich die Stelle, an der sich Odysseus nach langen Irrfahrten und vielen Schiffbrüchen mit der schönen Nymphe Kalypso unterhält. Kalypso sagt:

«Sondern ich denke so und rede, *wie ich mir selber
Suchen würde zu raten,* wär' ich in gleicher Bedrängnis!
Denn ich denke gewiss nicht ganz unbillig, und trage
Nicht im Busen ein Herz von Eisen, sondern voll Mitleid!»[82]

---

[80] Klaus Vallender war Ordinarius für Öffentliches Recht mit besonderer Berücksichtigung des Wirtschafts-, Umwelt- und Steuerrechts an der Universität St. Gallen.

[81] Lun Yü 15, 23.

[82] Odyssee V, 188–191.

Wir reisen weiter! In Jerusalem treffen wir kurz vor Christi Geburt einen gebildeten, aber auch ziemlich arroganten Griechen, der sich für das Judentum interessiert. Er besucht den berühmten Schriftgelehrten Schammai: «Du darfst mich zum Judentum bekehren, wenn du mir euer Gesetz beibringst, und zwar während der Zeit, da ich auf einem Bein stehen bleiben kann.» Mit einem Stock in der Hand wirft der Rabbi den frechen Besucher vor die Tür. Doch dieser lässt sich nicht abschrecken. Er besucht einen andern Rabbi, den ebenfalls sehr berühmten Hillel: «Du darfst mich zum Judentum bekehren, wenn du mir euer Gesetz beibringst, und zwar während der Zeit, da ich auf einem Bein stehen bleiben kann.» Hillel nahm den Frager ins Judentum auf und belehrte ihn wie folgt: «Was dir verhasst ist, tue auch deinem Nächsten nicht an. Das ist das ganze Gesetz; das andere ist Auslegung. Geh, lerne!»[83]

Und noch einmal ein Szenenwechsel! Wir sind in Arabien und stehen vor Muhammad, dem Propheten des Islams, welcher sagt: «Als Gläubiger bist du verpflichtet, allen Menschen zu tun, wie du wünschst, dass man dir tue, und die Handlung für andere zu verschmähen, die du für dich selbst verschmähst.»[84]

Wir brechen unsere Weltreise an dieser Stelle ab. Ich hoffe, die Übereinstimmung in ethischen Grundfragen zwischen den verschiedenen Kulturen und Religionen wurde deutlich. Etwa im Zusammenhang mit dem Attentat von Luxor[85] (oder mit schmerzlichen Ereignissen in Algerien) sind Stimmen laut geworden, die den Islam grundsätzlich an den Pranger stellen wollen. Man nimmt offenbar nicht zur Kenntnis: Auch der Islam ist eine zutiefst ethische Religion. Wo aber die sozialen Verhältnisse für viele unerträglich sind (fünfzig Prozent und mehr Jugendarbeitslosigkeit im nördlichen Afrika), ist es leicht, eine von ihren Grundsätzen her humane Religion für

---

[83] Talmud, bShab 31 a.
[84] RGG³ II, Sp. 1687f.
[85] Am 17. November 1997 waren 36 Touristinnen und Touristen aus der Schweiz einem Attentat in Luxor zum Opfer gefallen.

fanatische Zwecke zu missbrauchen. (Ähnliches kennt man im christlichen Bereich aus Nordirland.)

Oder zum Verhältnis Christentum – Judentum: Während Generationen hat man es sich im sogenannt christlichen Abendland so zurechtgelegt: Das Christentum sei die Religion der Liebe, während im Judentum das Prinzip der Vergeltung tonangebend sei. Dazu ist das Folgende zu sagen: Erstens: Der oft zitierte Grundsatz «Auge um Auge, Zahn um Zahn usw.» (Ex 21,23–25, Lev 24,20 und Dtn 19,21) ist besser als sein Ruf, da er damals im Altertum ein Versuch war, die Blutrache zu beseitigen und ein Strafrecht einzuführen, vor dem alle gleich sind. Es gibt nicht das Recht des Stärkeren. Tat und Strafe (bzw. Schadenersatz) müssen sich proportional entsprechen, ein Grundsatz, der auch bei uns gilt. Zweitens: Der Satz «Du sollst deinen Nächsten lieben wie dich selbst!» (Lev 19,18) stammt aus dem 3. Buch Mose im Alten Testament – ist also ausgesprochen jüdisch. In seiner unmittelbaren Nachbarschaft findet sich auch der Grundsatz, dass man nicht nur dem Volksgenossen, sondern auch dem schutzlosen Fremden die gleiche Liebe entgegenbringen soll: «Und wenn ein Fremder bei dir lebt in eurem Land, sollt ihr ihn nicht bedrängen. Wie ein Einheimischer soll euch der Fremde gelten, der bei euch lebt. Und du sollst ihn lieben wie dich selbst [...].» (Lev 19,33f.)

Die Erinnerung an solche – leider viel zu wenig bekannte – Stellen im Alten Testament kann antisemitische Klischees korrigieren. Sogar die Feindesliebe steht der Sache nach nicht nur im Neuen, sondern auch im Alten Testament: «Wenn du dem verirrten Rind oder Esel deines Feindes begegnest, sollst du das Tier sogleich zu ihm zurückführen. Wenn du siehst, dass der Esel deines Gegners unter seiner Last zusammengebrochen ist, dann lass ihn nicht allein.» (Ex 23,4f.)

Feindesliebe und Rücksicht auf die geschundene Kreatur haben sich hier in einer eindrücklichen Form verbunden.

Und ein anderes Beispiel zum ethischen Grundkonsens der ganzen Menschheit – mit einer leicht anderen Stossrichtung: In den letzten Jahren konnte man gelegentlich hören (etwa von Vertretern der Schweizer Exportwirtschaft), die Erklärung der allgemeinen Menschenrechte könne auf China nicht angewendet werden. Es sei gewissermassen neokolonialistisch, gegenüber dem Regime in Peking im Zusammenhang mit Gewissensgefangenen auf einem ethischen Minimum zu insistieren. Einige wenige Seiten Konfuziuslektüre genügen aber, um zu zeigen: Eine Regierung, die ihre eigenen Bürgerinnen und Bürger verachtet und misshandelt, steht nicht in der echt chinesischen Tradition. Die goldene Regel in der Fassung von Konfuzius habe ich schon zitiert, deshalb noch eine andere Kurzgeschichte mit den gleichen Akteuren:

«Dsï Gung fragte nach der rechten Art des Regierens. Der Meister Konfuzius sprach: ‹Für genügende Nahrung, für genügende Wehrmacht und für das Vertrauen des Volkes in die Regierung sorgen.› Dsï Gung sprach: ‹Wenn man aber keine Wahl hätte, als etwas davon aufzugeben: auf welches von den drei Dingen könnte man am ehesten verzichten?› Der Meister sprach: ‹Auf die Wehrmacht.› Dsï Gung sprach: ‹Wenn man aber keine Wahl hätte, als auch davon eines aufzugeben: auf welches der beiden Dinge könnte man am ehesten verzichten?› Der Meister sprach: ‹Auf die Nahrung. Von alters her müssen alle sterben; wenn aber das Volk kein Vertrauen in die Regierung hat, so lässt es sich nicht regieren.›»[86]

Liebe Gemeinde! Unser Predigttext – die berühmte goldene Regel – hat uns auf einen weiten Weg geführt. «Und wie ihr wollt, dass die Leute mit euch umgehen, so geht auch mit ihnen um.» (Lk 6,31; vgl. Mt 7,12) Es gibt keine Kultur oder Religion, die ernst zu nehmen ist, welche den Grundsatz mehr oder weniger wörtlich nicht auch kennt. Es geht immer erstens um das Prinzip der Universalität: Alle Menschen müssen grundsätzlich gleich behandelt werden. Und es geht zweitens um das Prinzip der Empathie, der Einfühlung: Wie du empfindest, geht es auch den andern. Versuche deshalb, die Welt mit den Augen deines Gegenübers zu betrachten. Und drittens: Das archaische Rache- oder Vergeltungsprinzip wird durch das Solidaritätsprinzip ersetzt. Ein ethisch Unaufge-

---

[86] Lun Yü 12, 7 (leicht redigiert).

klärter fordert: Schlag zurück, wenn der andere dich schlägt; die goldene Regel sagt dagegen: Schlag *nicht* zurück, weil du ja ebenfalls nicht geschlagen werden willst! Der Teufelskreis von Gewalt und Gegengewalt ist unterbrochen.

Wir können uns das Ganze an den Ereignissen von Luxor vergegenwärtigen: Die Terroristen schlugen brutal und sinnlos zu, wohl weil sie selbst Unrecht erfahren zu haben meinten. Die ägyptischen Machthaber werden sich nun ihrerseits brutal – mit Folter und Todesstrafe – rächen, wenn man die Täter und die Hintermänner aufspürt. Der Terrorismus wird so aber nicht besiegt werden, sondern früher oder später ein weiteres Mal zuschlagen. Und so weiter und so fort! Wenn man sich im Gegensatz dazu gemäss der goldenen Regel in die Lage der Gegenpartei versetzt – die Terroristen machen sich klar, was es für unbeteiligte Touristen bedeutet, wenn sie überfallen werden, und das ägyptische Regime macht sich klar, was es für die Landesbevölkerung bedeutet, wenn die Armen immer ärmer und die Reichen immer reicher werden –, dann besteht die Chance für einen neuen, für einen positiven Aufbruch.

Wir stehen am Anfang der diesjährigen Adventszeit. Und einige mögen sich fragen, warum diese Predigt bis jetzt so einseitig ethisch und so wenig religiös gefärbt war. Dazu möchte ich antworten: Ich denke, dass das Christentum in ethischer Hinsicht *inhaltlich* kaum etwas Neues sagt. Es wiederholt einfach, was die ernsthaften Vertreter aller Kulturen oder Religionen überall und immer lehrten. Wichtig ist das Christentum aber im Zusammenhang mit der *Motivation*. Wir alle machen die Erfahrung: Wir wissen ja eigentlich schon, was angemessen wäre, aber in der Praxis sind wir angesichts des Bösen um uns herum *und* des Bösen in uns selbst häufig überfordert. Und hier möchte ich sagen: Das Weihnachtsgeschehen, auf das wir in diesen Tagen wieder zugehen, gibt uns Mut, all unserer und der Welt Gebrechlichkeit zum Trotz *dennoch* auf die Karte der Liebe und nicht des Hasses zu setzen. Die Weihnachtsbotschaft erzählt uns davon, dass da ein ganz anderer ist, der uns in seiner Liebe entgegenkommt und trägt.

Weil er ja zu uns sagt, darum können auch wir ja zu einander sagen.

Am Anfang haben wir gesungen:

«Nichts, nichts hat dich getrieben
zu mir vom Himmelszelt
als dein getreues Lieben,
womit du alle Welt
in ihren tausend Plagen
und grossen Jammerlast,
die kein Mund kann aussagen,
so fest umfangen hast.»[87]

Nachher werden wir singen:

«Welt ging verloren,
Christ ist geboren.»

«Christ ist erschienen,
uns zu versühnen.»[88]

Wo das wirklich ernst genommen wird, besteht die Chance, dass die berühmte goldene Regel zu mehr als zu einer blossen Utopie wird. Amen.

PREDIGT IM ÖKUMENISCHEN
UNIVERSITÄTSGOTTESDIENST AM 2. DEZEMBER 1997

---

[87] Gesangbuch der Evangelisch-reformierten Kirchen der deutschsprachigen Schweiz. Basel und Zürich 1998, Nr. 367, 5.
[88] Ebenda, Nr. 409, 1–2 (gekürzt).

Auge um Auge, Zahn um Zahn.

Liebe Hörerin, lieber Hörer: «[...] wenn jemand seinem Nächsten einen Schaden zufügt, soll man ihm antun, was er getan hat. Ein Bruch für einen Bruch, ein Auge für ein Auge, ein Zahn für einen Zahn.» (Lev 24,19f.) Oder wie es an einer anderen Stelle heisst: «[...] Leben für Leben [...], Auge für Auge, Zahn für Zahn, Hand für Hand, Fuss für Fuss, Brandmal für Brandmal, Wunde für Wunde, Strieme für Strieme.» (Ex 21,23f.) Schon lange hat es mich gereizt, darüber eine Predigt zu halten. «Auge um Auge und Zahn um Zahn» (so Mt 5,38) – es gibt kaum eine biblische Formulierung, die so oft, fast immer aber in einem falschen Sinn, angeführt wird.

Ich denke an Terroranschläge im heutigen Israel und daran, wie die dortige Armee gegen Terroristen vorgeht: Das Haus, in dem die Familie eines Verdächtigen wohnt, wird bis auf das Fundament zerstört. «Da haben wir es wieder einmal, Auge um Auge und Zahn um Zahn!», hören wir dann bei uns. Liebe Hörerin, lieber Hörer, diese Verbindung der beiden Sätze könnte überhaupt nicht falscher sein. Wenn man einer Familie ihr Wohnhaus zugrunde richtet, weil ein Familienmitglied schuldig geworden ist (was man erst noch untersuchen müsste), handelt man ausgerechnet *nicht* nach dem besagten Grundsatz. «Auge um Auge, Zahn um Zahn»: Diese Formel möchte eine Rachejustiz gerade ausschliessen, sowohl privat als auch staatlich. Sie war ein wichtiger, nicht hoch genug zu schätzender Schritt in der Richtung hin auf einen Rechtsstaat.

In der Fortsetzung der zitierten Stelle aus dem 3. Buch Mose steht: «Ein und dasselbe Recht gilt für euch, für den Fremden wie für den Einheimischen. Denn ich bin der HERR, euer Gott.» (Lev 24,22) Auf mich wirkt dieser Satz atemberaubend. Ein Rechtssystem wird hier aufgebaut, in dem vor dem Gesetz tendenziell alle gleich sind – Arme und Reiche, Hohe und Niedrige, Einheimische und Fremde.

In alter und leider auch in neuer Zeit gibt es genügend Beispiele von Gesellschaften, in denen nicht alle gleichberechtigt sind. Wer über genügend finanzielle Mittel und über Beziehungen verfügt, muss keine Angst vor Strafverfolgung haben. Die Grossen lässt man laufen, und die Kleinen hängt man. Die Gesetze im Alten Testament zeichnen sich durch drei Tendenzen aus: 1. Alle sind vor dem Gesetz gleich. 2. Es darf keine Kollektivstrafen geben. 3. Die Sanktion muss der Schuld und dem Schaden exakt entsprechen.

Im alten Babylonien gab es das folgende, in unseren Augen wohl sehr merkwürdige Gesetz:

«Gesetzt, ein Baumeister hat für einen Mann ein Haus gebaut, sein Werk (aber) nicht fest gemacht, und das Haus, das er gemacht hat, ist eingefallen und hat den Eigentümer des Hauses getötet, so wird selbiger Baumeister getötet. Gesetzt, [das Haus] hat ein Kind des Eigentümers des Hauses getötet, so wird man ein Kind jenes Baumeisters töten. Gesetzt, [das Haus] hat einen Sklaven des Eigentümers des Hauses getötet, so wird er Sklaven für Sklaven dem Eigentümer des Hauses geben.»[89]

Das heisst, die Sanktionen werden abgestuft. Im Falle des getöteten Sklaven genügt Schadenersatz, da ein Sklave in jenem Gesellschaftssystem nicht als ein vollwertiger Mensch gilt. Im Falle des getöteten Kindes muss ein unschuldiges Kind das Leben lassen. Im Falle des getöteten Hausbesitzers wird aber – und nur hier – der Baumeister selbst mit dem Tod bestraft. In der Hebräischen Bibel dagegen finden wir nichts von einer solchen Unterscheidung. Sklaven sind grundsätzlich nicht weniger wert als Freie. Ein unschuldiges Kind muss nicht für das Versagen des Vaters büssen. Alle werden gleich behandelt. Und was besonders wichtig ist: Der Grundsatz «Auge um Auge, Zahn um Zahn» bedeutet, dass die Sanktion dem angerichteten Schaden genau entsprechen muss. Eine Körperverletzung wiegt weniger schwer als ein Totschlag.

Schon in der ältesten Zeit meinte man diesen Grundsatz wohl nicht wörtlich. Es ging um das gerechte Mass. Man konnte den Schaden mit einer Entschädigung ablösen, was ja auch für den Geschädigten vorteilhafter war.

---

[89] Gesetzbuch Hammurapis, § 229–231. Zitiert nach: Hugo Gressmann, Altorientalische Texte zum Alten Testament. Berlin und Leipzig 1926, S. 403.

Interessant sind die Ausführungen über den Grundsatz «Auge um Auge, Zahn um Zahn» im Talmud, dem Grundlagenwerk des orthodoxen Judentums. Hier kann man nachlesen, wie die jüdischen Schriftgelehrten über «Auge um Auge, Zahn um Zahn» diskutieren – mit der eindeutigen Tendenz, dass es absurd wäre, jemandem, der einem andern das Auge ausgeschlagen hat, buchstäblich ebenfalls das Auge zu zerstören.

Es könnte ja geschehen, dass er an der ihm zugefügten Verletzung sterben würde und damit in der Realität einen unendlich viel höheren als den geschuldeten Preis bezahlen müsste.

Oder eine andere denkbare Komplikation: Wie müsste man vorgehen, wenn einer, der bereits blind ist, das Auge eines anderen zerstört? In diesem Fall wäre es ja überhaupt nicht möglich, buchstäblich nach dem Grundsatz «Auge um Auge» zu handeln! Aber, so der Talmud: «Ein einziges Recht soll für euch gelten, das gleiche Recht soll für euch alle gelten.» Die jüdischen Gelehrten vertreten deshalb mit grosser Mehrheit die Auffassung, mit dem Grundsatz «Auge um Auge und Zahn um Zahn» könne nur ein genau zu bestimmender Schadenersatz gemeint sein.[90]

Zurück zur Situation im heutigen Israel und Palästina, in die in den letzten Wochen zum Glück etwas Bewegung gekommen ist! Kurz möchte ich dazu sagen: Ich bin bedrückt über den oft ausweglos erscheinenden Teufelskreis von Gewalt und Gegengewalt. Ich denke, es gibt keine Entschuldigungsgründe für Selbstmordanschläge, die Unbeteiligte treffen. Es gibt aber auch keine Entschuldigungsgründe für überzogene Gegenreaktionen, die dann nur noch einmal schlimmere Terroranschläge provozieren. Die ganze Welt müsste hier zusammenstehen, um Frieden zu stiften. Mit dem Grundsatz «Auge um Auge, Zahn um Zahn» haben der Terror und der Gegenterror aber nichts zu tun. Und man darf die gegenwärtige schwierige Situation nicht missbrauchen, um alte, antijü-

---

[90] Der Babylonische Talmud. Ausgewählt, übersetzt und erklärt von Reinhold Mayer. Goldmanns Gelbe Taschenbücher 1330–1332. München 1963, S. 296ff.

dische und antisemitische Argumente wieder aufleben zu lassen. Wenn heutige Staaten – auch Israel und seine Schutzmacht, die Vereinigten Staaten von Amerika – sich an die Gesetze im Alten Testament halten würden, besonders an den Grundsatz «[Nur] Auge um Auge und [nur] Zahn um Zahn [und gar kein bisschen mehr]», dann stünde die Welt vor einer weniger bedrohlichen Situation. Noch einmal: «Auge um Auge und Zahn um Zahn» bedeutet ursprünglich, dass vor dem Gesetz alle gleich sind und dass die Sanktion unter gar keinen Umständen den angerichteten Schaden übertreffen darf.

Die Gesetze im Alten Testament sind viel weniger an Vergeltung oder sogar an Rache interessiert, als man häufig meint, sondern sie suchen immer neu einen möglichst gewaltfreien Ausgleich. Wo immer es möglich ist, sollte man nach einer Verhandlungslösung suchen. Lieber ein angemessener Schadenersatz als eine Strafe, die dem Geschädigten, genau genommen, nichts bringt.

Eine wirklich bemerkenswerte Bestimmung in den alttestamentlichen Gesetzen sieht vor:

«[...] wenn er mit seinem Nächsten in den Wald geht, um Holz zu schlagen, und seine Hand holt aus mit der Axt, um den Baum zu fällen, und das Eisen fährt vom Stiel und trifft seinen Nächsten, und dieser stirbt, dann soll er in [ein besonders dafür reserviertes Heiligtum] fliehen und am Leben bleiben, sonst könnte der Bluträcher in der Hitze seines Zorns den Totschläger verfolgen und ihn [...] erschlagen, obwohl er nicht des Todes schuldig ist, denn er war dem [Getöteten] nicht feind.» (Dtn 19,5f.)

Der unschuldig schuldig Gewordene darf also ein Asyl aufsuchen. Wer sich in rechtshistorischen Werken kundig macht, erfährt: Diese Bibelstelle ist einer der ältesten bekannten Texte der ganzen Menschheitsgeschichte, der ausdrücklich zwischen vorsätzlicher und fahrlässiger Tötung unterscheidet und der im Falle einer offensichtlich nur fahrlässigen Tötung die Blutrache untersagt – ein Schritt hin zu einem menschlicheren Strafrecht!

Wenn man die Gesetze im Alten Testament auf dem Hintergrund ihrer Zeit und Kultur liest, sind sie vernünftig und human und – jedenfalls in ihrer Tendenz – an den Interessen vor allem der Schwachen, Kleinen und Fremden orientiert. Ich wiederhole den Grundsatz: «Ein und dasselbe Recht gilt für euch, für den Fremden wie für den Einheimischen. Denn ich bin der HERR, euer Gott.» (Lev 24,22) Darüber muss ich auch heute staunen.

Zum Schluss – Sie haben vielleicht schon lange darauf gewartet – eine Erinnerung an die Bergpredigt im Neuen Testament, wo Jesus sagt: «Ihr habt gehört, dass gesagt wurde: Auge um Auge und Zahn um Zahn. Ich aber sage euch: Leistet dem, der Böses tut, keinen Widerstand! Nein! Wenn dich einer auf die rechte Backe schlägt, dann halte ihm auch die andere hin.» (Mt 5,38f.)

Jesus entwirft hier ein Lebensmodell – das Modell der Gewaltlosigkeit –, das nicht genug zu bewundern ist und das er den Seinen in einer grossartigen Weise vorgelebt hat. Vielleicht, liebe Hörerin, lieber Hörer, müssen wir aber erst so weit kommen, wie das Alte Testament es forderte – wirklich «[Nur] Auge um Auge und [nur] Zahn um Zahn» und nicht das Recht des Stärkeren und Rache und Vergeltung. Daran gilt es zu arbeiten, weil unsere Welt ja leider immer wieder hinter diesen Grundsatz zurückzufallen droht.

Zuerst geht es, denke ich, darum, die Ethik des Alten Testaments zu realisieren, bevor es dann endlich für die Ethik des Neuen Testaments – die Ethik Jesu – an der Zeit ist. Mit dem buchstäblich letzten Wort der Bibel aus dem letzten Kapitel der Offenbarung des Johannes: «[…], komm, Herr Jesus! Die Gnade des Herrn Jesus sei mit allen!» (Offb 22,20) Amen.

RADIOPREDIGT AM 29. JUNI 2003

Gewaltlose Konfliktlösung

Und David machte sich auf und zog hinab in die Wüste Paran. Und es war ein Mann in Maon, der verrichtete seine Arbeit in Karmel, und der Mann war sehr wohlhabend, ihm gehörten dreitausend Schafe und tausend Ziegen. Und er war gerade dabei, in Karmel seine Schafe zu scheren. Und der Name des Mannes war Nabal, und der Name seiner Frau war Abigajil. Und die Frau hatte einen klugen Verstand und war von schöner Gestalt, der Mann aber war hart und boshaft, er war ein Kalebbiter. Und David hörte in der Wüste, dass Nabal dabei war, seine Schafe zu scheren. Da sandte David zehn junge Männer aus, und David sagte zu den Männern: Zieht hinauf nach Karmel, und wenn ihr zu Nabal kommt, sollt ihr ihn in meinem Namen nach seinem Wohlergehen fragen. Und so sollt ihr sprechen: Zum Gruss, Friede dir, Friede deinem Haus und Friede allem, was dir gehört! Und nun habe ich gehört, dass du Scherer hast. Nun waren die Hirten, die zu dir gehören, bei uns, man ist ihnen nicht nahegetreten, und nichts ist ihnen abhanden gekommen, solange sie in Karmel waren. Frage deine Männer, damit sie es dir berichten und damit die Männer Davids Gnade finden in deinen Augen, denn wir sind an einem Festtag gekommen. Bitte gib deinen Dienern und deinem Sohn, David, was du gerade zur Hand hast. Und die Männer Davids kamen und sprachen mit Nabal im Namen Davids allen diesen Worten gemäss, und sie warteten. Daraufhin sprach Nabal zu den Dienern Davids: Wer ist David? Wer ist der Sohn Isais? Heutzutage gibt es viele Diener, die ihren Herren davonlaufen. Soll ich mein Brot und mein Wasser und was ich für meine Scherer geschlachtet habe nehmen und es Männern geben, von denen ich nicht einmal weiss, woher sie sind? Da wandten sich die Männer Davids um, machten sich auf ihren Weg und kehrten zurück. Und sie kamen und berichteten ihm all diese Worte. Da sagte David zu seinen Män-

nern: *Jeder gürte sein Schwert um!* Und jeder gürtete sein Schwert um, und auch David gürtete sein Schwert um. Und etwa vierhundert Mann zogen hinauf hinter David her, und zweihundert blieben beim Gepäck.

Einer von den Burschen aber hatte Abigajil, der Frau Nabals, berichtet: Sieh, David hat Boten aus der Wüste gesandt, um unseren Herrn zu segnen, er aber hat sie angeschrien. Die Männer sind doch sehr gut zu uns gewesen, sie sind uns nicht nahe getreten, und uns ist nichts abhanden gekommen, solange wir mit ihnen umherzogen, als wir auf dem offenen Land waren. Bei Nacht und bei Tag waren sie eine Mauer um uns, solange wir bei ihnen die Schafe hüteten. Und nun erkenne und sieh, was du tun kannst, denn das Unheil ist beschlossen über unseren Herrn und über sein ganzes Haus. Er aber ist zu ruchlos, als dass man mit ihm reden könnte. Da nahm Abigajil eilends zweihundert Brote, zwei Schläuche Wein, fünf zubereitete Schafe, fünf Sea geröstetes Korn, hundert Kuchen aus getrockneten Trauben und zweihundert Feigenkuchen und lud alles auf die Esel. Und sie sagte zu ihren Männern: *Zieht vor mir her; seht, ich komme euch nach.* Ihrem Mann Nabal aber teilte sie es nicht mit.

Und während sie im Schutz des Berges auf dem Esel hinunterritt, sieh, da kamen auch David und seine Männer herab, ihr entgegen, und sie traf auf sie. David aber hatte gesagt: *Es war ein Fehler von mir, alles, was dem da gehört, in der Wüste zu beschützen, damit nichts abhanden käme von allem, was ihm gehört! Nun hat er mir Gutes mit Bösem vergolten. Gott tue den Feinden Davids an, was immer er will, wenn ich von allem, was ihm gehört, bis am Morgen etwas übrig lasse, was an die Wand pisst!* Und Abigajil sah David und stieg eilends vom Esel, warf sich vor David auf ihr Angesicht und verneigte sich zur Erde. Und sie fiel ihm zu Füssen und sagte: *Allein auf mir, mein Herr, liegt die Schuld! Deine Magd würde dir gern alles erklären; höre die Worte deiner Magd. Mein Herr kümmere sich doch nicht*

um diesen ruchlosen Mann, um Nabal! Denn wie sein
Name lautet, so ist er: Sein Name ist Nabal, und er ist
voller Torheit. Ich aber, deine Magd, habe die Männer
meines Herrn nicht gesehen, die du gesandt hattest. Und
nun, mein Herr, so wahr der HERR *lebt und so wahr du*
lebst, den der HERR *davon abgehalten hat, in Blutschuld*
zu geraten und sich mit eigener Hand zu helfen: Nun
sollen deine Feinde und die meinem Herrn Böses wol-
len wie Nabal werden! Nun also, dieses Geschenk, das
deine Sklavin für meinen Herrn gebracht hat, möge den
Männern gegeben werden, die zum Gefolge meines
Herrn gehören. Vergib doch das Vergehen deiner Magd,
denn der HERR *wird meinem Herrn gewiss ein Haus*
gründen, das Bestand hat, da mein Herr die Kriege des
HERR *führt. Und es soll an dir nichts Böses gefunden*
werden dein Leben lang. Und erhebt sich ein Mensch,
um dich zu verfolgen und dir nach dem Leben zu trach-
ten, so möge das Leben meines Herrn verwahrt sein im
Verwahrungsbeutel der Lebenden beim HERR, *deinem*
Gott. Das Leben deiner Feinde aber schleudere er fort
mit der Schleuderpfanne! Und wenn der HERR *für mei-*
nen Herrn all das Gute tut, das er dir zugesagt hat, und
dich zum Fürsten über Israel bestimmt, so wird mein
Herr nicht darüber stolpern, und mein Herr muss sich
nicht vorwerfen, grundlos Blut vergossen und sich selbst
geholfen zu haben. Wenn aber der HERR *meinem Herrn*
Gutes tut, dann erinnere dich deiner Magd. Da sprach
David zu Abigajil: Gelobt sei der HERR, *der Gott Israels,*
der dich mir am heutigen Tag entgegengesandt hat. Und
gesegnet ist deine Klugheit, und gesegnet bist du, dass
du mich am heutigen Tag davon abgehalten hast, in
Blutschuld zu geraten und mir mit eigener Hand zu hel-
fen. Aber so wahr der HERR *lebt, der Gott Israels, der*
mich daran gehindert hat, dir Böses anzutun: Wenn du
mir nicht so schnell entgegengekommen wärst, wäre
Nabal bis zum ersten Morgenlicht nichts übrig geblie-
ben, was an die Wand pisst! Und David nahm aus ih-
rer Hand, was sie ihm gebracht hatte, und er sagte zu

ihr: Zieh in Frieden hinauf nach deinem Haus. Sieh, ich habe auf deine Stimme gehört und dein Angesicht aufgerichtet.

Und als Abigajil zu Nabal kam, sieh, da hielt er in seinem Haus ein Gastmahl wie das Gastmahl des Königs, und Nabal war leichten Herzens und schwer betrunken. Und sie berichtete ihm nichts, weder Unwichtiges noch Wichtiges, bis zum ersten Morgenlicht. Am Morgen aber, als Nabal wieder nüchtern wurde, berichtete seine Frau ihm diese Dinge, und sein Herz starb in seinem Innern, und er wurde zu Stein. Und nach etwa zehn Tagen schlug der HERR Nabal, und er starb. Und David hörte, dass Nabal gestorben war, und er sprach: Gelobt sei der HERR, der den Rechtsstreit geführt hat der Schmähung wegen, die Nabal mir angetan hat, und der seinen Diener vor einer bösen Tat bewahrt hat. Die böse Tat Nabals aber hat der HERR auf sein Haupt zurückfallen lassen. Und David sandte hin und warb um Abigajil, um sie zu seiner Frau zu nehmen. Und die Diener Davids kamen zu Abigajil nach Karmel, und sie redeten mit ihr und sagten: David hat uns zu dir gesandt, weil er dich zu seiner Frau nehmen will. Da stand sie auf, warf sich mit dem Angesicht zur Erde nieder und sagte: Sieh, deine Magd ist eine Sklavin, bereit, den Dienern meines Herrn die Füsse zu waschen. Und Abigajil machte sich eilends auf und setzte sich auf den Esel, und ihre fünf jungen Frauen gingen hinter ihr her. Und sie folgte den Boten Davids und wurde seine Frau. (1 Sam 25,1–42[91])

Die Welt sei nicht mehr die gleiche, wurde nach den Ereignissen des 11. Septembers[92] gesagt. Inzwischen sind fast drei Monate vergangen. Jedenfalls bei uns hat die Lage sich – wenn ich so sagen darf – normalisiert, auch wenn die unmittelbar

---

[91] Im wirklich gehaltenen Gottesdienst wurde diese Schriftlesung stark ' gekürzt.

[92] Am 11. September 2001 ereignete sich der Anschlag auf das World Trade Center in New York. Vgl. oben S.33.

Betroffenen immer noch trauern und der Schutt noch lange nicht weggeräumt ist. Aber wir leben noch. Wir arbeiten und feiern weiter. Wir denken nicht mehr pausenlos an New York. Und doch: Veränderungen fanden statt. Man fühlt sich unsicherer. Die Angst und das Misstrauen sind gewachsen. Menschen sind härter geworden. Fast die Hälfte der Amerikaner ist inzwischen der Meinung, Folter sei legitim, wenn es um die Prävention von Terroranschlägen gehe. Grundrechte wurden in den USA zwar nicht ganz ausser Kraft gesetzt, aber doch ein Stück weit eingeschränkt – vor allem was Ausländerinnen und Ausländer betrifft. Das Talibanregime in Afghanistan wurde zu Fall gebracht – allerdings mit schweren Opfern. Hunderttausende haben ihre Heimat verlassen und kampieren als Flüchtlinge unter teilweise menschenunwürdigen Bedingungen. In den letzten Wochen habe ich vor allem einen Bibelspruch sehr häufig gehört: «Auge um Auge, Zahn um Zahn.»[93] Bevor ich auf den Predigttext eingehe, kurz etwas zu diesem viel zitierten und – wie ich meine – viel missbrauchten Satz. «Auge um Auge, Zahn um Zahn.» Zumeist wird der Spruch im Sinn von Rache verstanden. Wer angegriffen wird, schlägt eben zurück. Übersehen wird dabei: «Auge um Auge, Zahn um Zahn» war im ursprünglichen Sinn nicht ein Satz, der blindes Zurückschlagen empfiehlt, sondern im Gegenteil ein gewaltiger Schritt in der Humanisierung des Strafrechts. Nebenbei gesagt: Der Satz steht nicht nur in der Bibel, sondern zum Beispiel auch im römischen Zwölftafelgesetz, einer uralten Rechtsurkunde, auf die das ganze spätere römische Recht zurückgeht. Sinn des Grundsatzes ist, dass man sich nicht einfach sinnlos rächen darf. Man darf nicht blind zurückschlagen. Sondern die Strafe muss der Schuld proportional entsprechen. Eine leichte Körperverletzung ist geringer als eine schwere zu bestrafen. Und was besonders wichtig ist: Vor dem Gesetz sind alle gleich. Es geht nicht an, dass man die Kleinen hängt und die Grossen laufen lässt. «Auge um Auge, Zahn um Zahn.» Wenn man den Grundsatz ernst nimmt, ist es zum Bei-

---

[93] Vgl. oben, S. 168 und S. 172–176, in der Bibel Ex 21,23–25; Lev 24,20; Dtn 19,21.

spiel fraglich, ob es legitim war, um Bin Laden und seine Spiess-
gesellen zu jagen, Hunderttausende aus ihrer Heimat zu vertreiben und der Kälte und dem Hunger preiszugeben. «Auge
um Auge, Zahn um Zahn.» Der Grundsatz verlangt als Voraussetzung jeder Bestrafung einen Prozess, der rechtsstaatlichen
Grundsätzen genügt. Man darf nur die Schuldigen bestrafen.
Pauschale Kollektivstrafen entsprechen dem Grundsatz nicht.
Sie sind oft auch kontraproduktiv, da der Hass anschliessend
nur noch grösser wird. Ungerechtigkeit ist eine Brutstätte von
neuem Terrorismus.

Doch zu unserem Predigttext! Ich verdanke ihn unserem Philosophen Dieter Thomä, der ihn vorhin vorlas.[94] Ich gestehe,
dass ich von mir aus nicht darauf gekommen wäre. Es bewährt
sich, wenn wir als Theologen uns nicht in uns selbst verkrie-
chen, sondern auf die Stimme anderer Disziplinen hören. Die
Geschichte von David und Abigajil ist zwar nicht sehr
bekannt. Sie gehört aber zu den besonders reizvollen biblischen Geschichten. Ihr literarisches Raffinement ist gross. Es
ist ein weisheitlicher Text, der die hohe Kultur am Königshof
in Jerusalem spiegelt, wo man vor allem auf Eleganz von Rede
und Gegenrede Wert legte. Man liebte es, sich gegenseitig mit
äusserst kunstvollen Formulierungen zu übertreffen. In einem
banalen Sinn historisch ist der Text wohl nicht, da er in der
vorliegenden Form erst einige Jahrhunderte nach dem erzähl-
ten Ereignis so niedergeschrieben wurde. Bemerkenswert ist
das Wortspiel mit dem Namen Nabal. Einerseits war das ein
ganz normaler Personenname, anderseits bedeutet das Wort
auf Hebräisch Dummkopf oder Tor. Wie schlecht Toren an-
geschrieben waren, geht aus vielen Bibelstellen hervor: «[...]
der Vater eines Toren hat keine Freude.» (Spr 17,21) «Geho-
bene Sprache passt nicht zu einem Toren.» (Spr 17,7) «[...]
der Tor redet Törichtes, und Unheil bringt sein Herz: [...] die
Kehle des Hungrigen lässt er leer, und dem Durstigen verwei-
gert er den Trank.» (Jes 32,6) Eine Stelle, die besonders gut

---

[94] Dieter Thomä ist Ordinarius für Philosophie an der
Universität St. Gallen.

zur uns vorliegenden Geschichte passt! Und: «Der Tor spricht in seinem Herzen: Es ist kein Gott.» (Ps 14,1) Damit ist nicht theoretischer, sondern praktischer Atheismus gemeint, eine Lebensweise, die alles Höhere in den Wind schlägt.

Die uns vorliegende Geschichte aus dem Alten Testament ist eine Dreiecksgeschichte. Es geht um Nabal, seine Frau Abigajil und den zukünftigen König David. Nabal ist eben wirklich ein Tor. Der schwerreiche Bauer am Berg Karmel ist offensichtlich nicht in der Lage, die Situation richtig einzuschätzen. Er verkennt, wie gefährlich es ist, David, der als eine Art Freischärler oder Räuberhauptmann im Gebirge lebt, vor den Kopf zu stossen. David andererseits wird ambivalent geschildert – ein Mensch in seinem Widerspruch. Er ist ein Held, übrigens auch ein Frauenheld, zugleich aber in der Gefahr des Jähzorns. Als er sich von Nabal beleidigt sieht, will er kurzerhand blind dreinschlagen und nicht nur den Toren selbst, sondern auch sein gesamtes männliches Personal umbringen – auf Hebräisch soldatenhaft drastisch: «[alles], was an die Wand pisst».

Gemäss dem Ethos des alten Israel und dem Grundsatz «[nur] Auge um Auge, [und nur] Zahn um Zahn» würde David damit eine schwere Blutschuld auf sich laden, die göttliche Zuwendung und den göttlichen Segen verscherzen. Aber da ist nun die schöne und weise Abigajil, in die David sich sogleich verliebt. Sie ist die eigentliche Hauptperson der Geschichte, eine aussergewöhnlich beherzte Frau, wie sie sich mit Brot, Wein, Schaffleisch, Röstkorn und Trockenfrüchten – Nahrung für die ganze Freischar oder Räuberbande – ohne zu zögern auf den Weg macht. Plötzlich stehen sich Abigajil und der wutentbrannte David gegenüber. Und jetzt kommt ein rhetorisches Kabinettstück. Abigajil sagt (wobei ich den äusserst raffinierten Text stark vereinfache):

«David, mein Herr, kümmere dich doch nicht um meinen Mann! Er heisst Nabal (d.h. Tor) und ist wirklich voller Torheit. Leider habe ich, deine Magd, die Männer nicht gesehen, die du gesandt hattest. Aber, David, mein Herr, so wahr Gott lebt und so wahr du lebst: Gott hat dich davon abgehalten, in Blutschuld zu geraten und dir mit eigener Hand zu helfen. Gib das Geschenk, das deine Sklavin für dich gebracht hat, deinem Gefolge weiter! Es soll an dir nichts Böses gefunden werden dein Leben lang! Wenn jemand sich erhebt, um dich zu verfolgen, so möge dein Gott dein Leben erhalten. Aber das Leben deiner Feinde möge er fortschleudern! Gott wird dir alles Gute erweisen, das er dir versprochen hat. Wenn er dich zum Fürsten Israels macht, wirst du dir nicht vorwerfen lassen müssen, du hättest grundlos Blut vergossen und dir selbst geholfen.» (1Sam 25,25–31)[95]

Dass rhetorische Geschick Abigajils kommt darin zum Ausdruck, dass sie das, was sie von David erbitten will – er soll kein Blut vergiessen –, in ihrer Rede als bereits erfüllt vorwegnimmt.

Durch die Initiative einer Frau wird David also davor bewahrt, selbst ebenfalls ein Tor zu werden – oder sogar ein Verbrecher. Das Alte Testament zeigt uns hier das Beispiel einer gewaltlosen Konfliktlösung. Ein Tor und ein Mann, der im Begriff ist, ebenfalls ein Tor zu werden, werden von einer weisen Frau beschämt. Nicht umsonst hat David Abigajil anschliessend geheiratet – sie in seinen Harem aufgenommen – und einen Sohn, seinen Zweitgeborenen, Kilab, mit ihr gezeugt. (2Sam 3,3)

Nun, für einen Adventsgottesdienst scheint unser Predigttext recht aussergewöhnlich zu sein. Mit der Abkehr von blinder Gewalt und Gegengewalt und dem Aufruf zu Besonnenheit, Klugheit, Augenmass und Weisheit mag er uns aber an Jesus Christus erinnern, auf dessen Geburtstagsfest wir wieder zugehen. Das Matthäusevangelium erzählt, dass mit zu den ersten Menschen, die den neugeborenen Jesus besuchten, Weise aus dem Morgenland gehörten (Mt 2,1–12). Mögen deshalb auch wir ein wenig weiser und ein bisschen weniger gewaltorientiert werden und uns die schöne und weise Abigajil zum Vorbild nehmen. Unsere Welt könnte dann ein humanerer und wohnlicherer Ort sein. Mit der Botschaft des Engels

---

[95] Das Zitat wurde stark redigiert, um der – nur hörenden – Gemeinde das Verständnis zu erleichtern.

in der Weihnachtsgeschichte: «Ehre sei Gott in der Höhe und Friede auf Erden unter den Menschen seines Wohlgefallens.» (Lk 2,14) Amen.

PREDIGT IM ÖKUMENISCHEN
UNIVERSITÄTSGOTTESDIENST AM 4. DEZEMBER 2001

KIRCHE UND ÖKUMENE

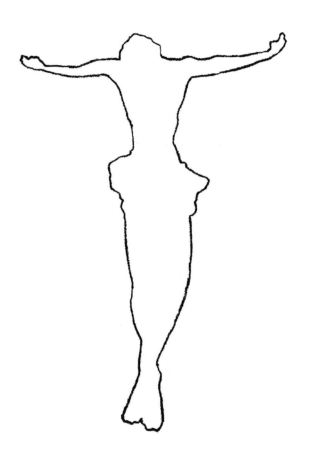

Viele Glieder, aber ein Leib

Denn wie der Leib einer ist und doch viele Glieder hat, alle Glieder des Leibes aber, obwohl es viele sind, einen Leib bilden, so auch Christus. Denn durch einen Geist wurden wir ja alle in einen Leib hineingetauft, ob Juden oder Griechen, ob Sklaven oder Freie; und alle wurden wir getränkt mit einem Geist. Und der Leib besteht ja nicht aus einem Glied, sondern aus vielen. Wenn der Fuss sagt: Weil ich nicht Hand bin, gehöre ich nicht zum Leib, gehört er nicht dennoch zum Leib? Und wenn das Ohr sagt: Weil ich nicht Auge bin, gehöre ich nicht zum Leib, gehört es nicht dennoch zum Leib? Ist der ganze Leib Auge, wo bleibt das Gehör? Ist er aber ganz Gehör, wo bleibt dann der Geruchssinn? Nun aber hat Gott alle Glieder an ihre Stelle gesetzt, ein jedes von ihnen an die Stelle des Leibes, an der er es haben wollte. Wäre aber alles ein Glied, wo bliebe der Leib? Nun aber gibt es viele Glieder, aber nur einen Leib. Das Auge kann nicht zur Hand sagen: Ich brauche dich nicht, auch nicht der Kopf zu den Füssen: Ich brauche euch nicht. Vielmehr sind eben jene Glieder des Leibes, die als besonders schwach gelten, umso wichtiger, und eben jenen, die wir für weniger ehrenwert halten, erweisen wir besondere Ehrerbietung; so geniesst das Unansehnliche an uns grosses Ansehen, das Ansehnliche an uns aber hat das nicht nötig. Gott jedoch hat unseren Leib so zusammengefügt, dass er dem, was benachteiligt ist, besondere Ehre zukommen liess, damit es im Leib nicht zu einem Zwiespalt komme, sondern die Glieder in gleicher Weise füreinander besorgt seien. Leidet nun ein Glied, so leiden alle Glieder mit, und wird ein Glied gewürdigt, so freuen sich alle Glieder mit. Ihr seid der Leib des Christus, als einzelne aber Glieder. (1 Kor 12,12–27)

Als Gefangener im Herrn bitte ich euch nun: Führt euer Leben, wie es der Berufung, die an euch ergangen ist, angemessen ist, in aller Demut und Sanftmut und in Ge-

duld. Ertragt einander in Liebe, bemüht euch, die Ein-
heit des Geistes zu wahren durch das Band des Friedens!
Ein Leib und ein Geist ist es doch, weil ihr ja auch be-
rufen wurdet zu einer Hoffnung, der Hoffnung, die ihr
eurer Berufung verdankt: Ein Herr, ein Glaube, eine
Taufe, ein Gott und Vater aller, der da ist über allen und
durch alle und in allen. Jedem Einzelnen von uns aber
ist die Gnade gegeben nach dem Mass, mit dem Chris-
tus zu geben pflegt. [...] Und er selbst hat die einen als
Apostel eingesetzt, die anderen als Propheten, andere
als Verkündiger des Evangeliums und wieder andere als
Hirten und Lehrer, um die Heiligen auszurüsten für die
Ausübung ihres Dienstes. So wird der Leib Christi
aufgebaut, bis wir alle zur Einheit des Glaubens und der
Erkenntnis des Sohnes Gottes gelangen und zum voll-
kommenen Menschen heranwachsen und die volle Rei-
fe in der Fülle Christi erlangen. Denn wir sollen nicht
mehr unmündige Kinder sein, von den Wellen bedrängt
und von jedem Wind einer Lehrmeinung umhergetrie-
ben, dem Würfelspiel der Menschen ausgeliefert, von
ihrem Ränkespiel auf den trügerischen Weg des Irrtums
geführt, nein, wir wollen aufrichtig sein in der Liebe
und in allen Stücken hinanwachsen zu ihm, der das
Haupt ist, Christus. Von ihm aus wird der ganze Leib
zusammengefügt und gehalten durch jedes Band, das ihn
stützt mit der Kraft, die jedem einzelnen Teil zu-
gemessen ist. So wird der Leib in seinem Wachstum ge-
fördert, damit er aufgebaut werde in Liebe. (Eph 4,1–16,
gekürzt)[96]

Liebe Synodalgemeinde, liebe Schwestern und Brüder, am
11. November 1915 – also mitten während des Ersten Weltkriegs – wurde in der Synode der Evangelisch-reformierten
Kirche des Kantons Aargau über den folgenden Antrag diskutiert und dann auch abgestimmt: Der übliche Synodalgottesdienst solle für die Zukunft fallengelassen werden, da er als

---

[96] Die Bibeltexte wurden von zwei Synodalen gelesen.

christliche Kundgebung sich nicht mit dem Geist der Synode als einer blossen Verwaltungsbehörde vertrage![97]

Antragsteller war der damals 29 Jahre alte Karl Barth, Pfarrer in Safenwil. In einem Brief an seinen Freund Eduard Thurneysen hatte er diesem schon vorher erklärt, mit seinem Antrag wolle er die Synode provozieren. Er wolle ihr bewusst machen, dass sie mit ihrem Gottesdienst «einen Zusammenhang [...] mit dem Evangelium Jesu»[98] manifestiere. Ich zitiere Barth wörtlich:

«Warum sollte sie das nicht tun? Aber diese Kundgebung setzte voraus im Minimum die Sehnsucht und den ernsten Willen, sich an den Normen der Welt dieses Evangeliums zu orientieren, die Sehnsucht wenigstens, eine Gemeinschaft des Glaubens und der Hoffnung zu sein und Staatskirchenbehörde, als wäre mans nicht. [...] konstatiert muss es einmal sein, dass alles, vor allem alles Staatliche, hier hundertmal wichtiger genommen wird als Gott. Die Synode soll sich darüber klar werden und die Folgerung ziehen. Sie braucht einen ‹Gottesdienst› so wenig als der Grosse Rat, sie verschleiert damit nur den Tatbestand. Wenn wir keine echten Propheten sein können, wollen wir doch auch keine falschen sein [...]. In der Entscheidung über Beibehaltung oder Nichtbeibehaltung ihrer christlichen Zeremonie soll die Synode ein deutliches Ja oder Nein aussprechen über ihr Verhältnis zu den Voraussetzungen einer christlichen Kirche.»[99]

So weit Karl Barth in seinem Brief an seinen Freund! Wie nicht anders zu erwarten, nahm die Aargauer Synode Barths Antrag nicht an. Er wurde in eine Motion umgewandelt und deren Behandlung auf einen späteren Termin – d.h. auf den St. Nimmerleinstag – verschoben.

---

[97] Karl Barth – Eduard Thurneysen, Briefwechsel. Band 1, 1913–1921. Zürich 1973, S. 88: «Die Synode beschliesst: Der übliche Synodalgottesdienst ist eine mit dem Geist der Synode als einer blossen staatskirchlichen Verwaltungsbehörde innerlich unverträgliche christliche Kundgebung. Er wird für die Zukunft fallengelassen.»

[98] Ebenda.

[99] Ebenda

Liebe Synodalgemeinde, liebe Schwestern und Brüder, nur keine Angst! Ich bin nicht ein neuer Karl Barth. Ich werde nicht einen derartigen Antrag stellen. Zu einer solchen prophetischen Handlung fehlte mir die Vollmacht. Ich wollte an die alte Geschichte aber erinnern, um uns alle – mich eingeschlossen – etwas hellhöriger zu machen für das Wesen und den Auftrag auch unserer Synode. Ich zitiere aus unserer Kirchenverfassung von 1974:

«Die evangelisch-reformierte Kirche des Kantons St. Gallen bekennt sich als Glied der allgemeinen christlichen Kirche zum Evangelium Jesu Christi [...]. [Sie] erkennt als ihren Auftrag, Jesus Christus als das Haupt der Kirche und den Herrn der Welt zu verkündigen und durch ihr dienendes Handeln das angebrochene Reich Gottes zu bezeugen.»[100] «Der Synode obliegt die Sorge für die Lebendigkeit des evangelischen Glaubens.»[101]

Es sind dies sehr grosse und schwerwiegende Sätze. Und ich schliesse immer noch auch mich selber ein, wenn ich sage: Unsere Synode nimmt sich selbst nicht immer genügend ernst. Ich persönlich halte es für richtig, dass wir die heutige Session nach alter Tradition mit einem Gottesdienst beginnen. Ich predige gern in diesem Gottesdienst. Ich denke aber, etwas von diesem Gottesdienst sollte uns dann durch den ganzen Tag begleiten. Es sollte möglich sein, bei allen Traktanden den Blick für das Wesentliche nicht zu verlieren. Wir werden heute über die Jahresrechnung sprechen, über die Finanzprognose usw. Niemand bestreitet wohl, dass das Geld auch für die Kirche etwas sehr Wichtiges ist. Bei allen Ausgaben müssen wir aber immer fragen: Dient, was wir vorhaben, dem Evangelium? Setzen wir die uns zur Verfügung stehenden Gelder richtig ein? Gäbe es nicht vielleicht ganz andere Prioritäten?

In den beiden Schriftlesungen hörten wir inhaltsreiche Worte teilweise des Apostels Paulus, teilweise (ich meine damit den Epheserbrief) eines seiner Schüler. Dieser Gottesdienst ist

---

[100] Evangelisch-reformierte Kirche des Kantons St. Gallen, Gültige Erlasse. St. Gallen 1993. GE-11–10, Artikel 1 und 2.
[101] Ebenda, Artikel 51.

natürlich nicht der Ort für eine differenzierte Einzelauslegung. Etwas wird aber doch wohl schon beim ersten Zuhören klar: In beiden Texten geht es zutiefst und zuletzt um die Ermahnung: Christinnen und Christen, zieht doch um Gottes willen am gleichen Strick! Wir sitzen im gleichen Boot. Wir sind alle ein Leib. Es gibt nicht verschiedene Leiber Christi.

Als ich mich auf diese Predigt vorbereitete, las ich unter anderem wieder einmal im in den Fünfzigerjahren erschienenen Kommentar zum Epheserbrief des bedeutenden Neutestamentlers Heinrich Schlier. Ich stiess darin auf die Formulierung, und zwar in der Einleitung zum vorhin vorgelesenen Text: «Die mangelnde oder gar zerstörte Einheit der Kirche ist für diese eine grössere Not als etwa die mangelnde oder zeitweise und teilweise erloschene Heiligkeit.»[102]

Der Satz klingt in manchen Ohren vielleicht etwas überspitzt. Ich bin mir nicht ganz sicher, ob man Einheit der Kirche und Heiligkeit der Kirche in dieser Weise einander gegenüberstellen kann. Schliers Bemerkung spiegelt wohl auch die Tatsache, dass er als Protestant und begabtester Schüler Rudolf Bultmanns kurz vor seinem Kommentar zum Epheserbrief zur katholischen Kirche übergetreten war. Er hielt es offenbar einfach nicht mehr aus, dass wir Protestanten zwar keinen Papst haben, dafür uns aber oft alle miteinander wie kleinere oder grössere Päpste geben. Jeder hält seine eigene Meinung für absolut richtig und unfehlbar und setzt sich auf Biegen oder Brechen dafür ein – unbekümmert um die Einheit! Heinrich Schlier litt unter dieser oft so unseligen Zersplitterung, unter diesem oft so übersteigerten Individualismus im Luthertum und wohl noch ausgeprägter bei uns Reformierten.

Für sich persönlich löste Schlier das Problem zusammen mit seiner Frau, indem er katholisch wurde. Ich habe kein Recht, ihn deswegen zu loben oder zu schelten. Als wissenschaftlich arbeitender Theologe (und dafür lobe ich ihn) griff er in jenem Moment zum Epheserbrief, als der Schrift im Neuen

---

[102] Heinrich Schlier, Der Brief an die Epheser. Ein Kommentar. Zweite Auflage. Düsseldorf 1958. S. 178.

Testament, welche ihn damals am meisten ansprach. Denn hier fand er die apostolische Beschwörung zu Einigkeit und Einheit der Christinnen und Christen. Sie sollen – so der Epheserbrief wörtlich – «die Einheit des Geistes [...] wahren durch das Band des Friedens». (Eph 4,3) In seinem Kommentar führt Schlier zu dieser Wendung aus, dass nach diesem Text die Einheit ja, genau genommen, schon vorgegeben ist – von Christus her und wegen der von allen geteilten Hoffnung. Wir müssen nur Sorge zu dieser Einheit tragen. Von mir aus möchte ich hinzufügen: Einheit unter Christinnen und Christen bedeutet selbstverständlich nicht Eintönigkeit und Uniformität. Einheit bedeutet nicht, dass es nicht manchmal auch innerhalb unserer Synode zu Meinungsverschiedenheiten kommt. Solange wir als Kirche in dieser Welt unterwegs sind, sind Konflikte unvermeidbar, da wir alle menschlich sind und als Menschen die Wirklichkeit nur perspektivisch sehen. Solche Konflikte müssen auch in der Kirche ausgetragen werden. Wir brauchen das Feuer der Ehrlichkeit und eine Streitkultur. Aber es kommt entscheidend auf das Wie an!

Der Epheserbrief braucht die Begriffe Demut, Sanftmut und Geduld, oder wie Schlier interpretierend übersetzt: «Langmut und Grossmut».[103] Es sind dies Wörter, die heute nicht in Mode sind. Wenn man aber genau darüber meditiert, nimmt man ihre grosse Bedeutung gerade auch für den Verhandlungsstil in einer Synode, in einer Kirchenvorsteherschaft oder in einem Pfarrkapitel wahr. Zum Begriff Demut sagt Heinrich Schlier, sie sei «die Gesinnung und das Verhalten desjenigen, der von dem anderen mehr hält als von sich selbst».[104] «Im Verhältnis der Glieder der Kirche untereinander [werde] sich ein gemeinsames Denken und Trachten nur dann herausbilden, wenn sie unter Verzicht auf den Hochmut sich durch das ‹Niedere› leiten lassen und darin mit dem anderen konkurrieren.»[105] «In der Demut und Sanftmut [...], die um Gottes willen

[103] Ebenda, S. 182.
[104] Ebenda, S. 181.
[105] Ebenda.
[106] Ebenda, S. 182.

den anderen als überlegen und schätzungswert achtet, gründet und bereitet sich vor die Einheit des Ganzen.»[106] Und Schlier fährt fort: «Es klingt so nebensächlich und formelhaft, weil so allbekannt auch schon für diese seine ersten Leser, wenn der Apostel mahnt, ‹mit Demut und Sanftmut, mit Langmut und Grossmut› zu wandeln. Aber in Wahrheit ist es eine gewichtige und wohlerwogene und ursprünglich durchdachte Aussage, sowohl hinsichtlich des Zusammenhanges dieser [...] Tugenden untereinander als auch hinsichtlich ihres Zusammenhanges mit der gemahnten Einheit [...].»[107]

Liebe Synodalgemeinde, liebe Schwestern und Brüder, seit über dreissig Jahren bin ich Pfarrer und stehe seit genau einem Vierteljahrhundert im Dienst der St. Galler Kirche. Und dabei quält mich schon lange – und ich denke, ich bin damit nicht allein –, dass es sich in unserer Kirche manchmal wirklich so verhält, wie der Epheserbrief es sagt: Wir benehmen uns wie Unmündige, «von den Wellen bedrängt und von jedem Wind einer Lehrmeinung umhergetrieben, dem Würfelspiel der Menschen ausgeliefert» (Eph 4,14). Diejenigen, die mich kennen, wissen, dass ich viele neue Strömungen innerhalb und ausserhalb unserer Kirche durchaus für berechtigt halte. Persönlich habe ich zum Beispiel in den letzten Jahren viel von feministischen Theologinnen gelernt. Und doch erschrecke ich manchmal über Absolutheitsansprüche, die mir entgegenkommen und oft völlig unversöhnlich sind. Und weil es so verschiedene Absolutheitsansprüche gibt, entsteht dann ein gegenseitiges «Sich-Verketzern». Manche sprechen nicht einmal mehr miteinander. Man verkehrt nur noch mit seinesgleichen, Fortschrittliche mit Fortschrittlichen, Konservative mit Konservativen, Bürgerliche mit Bürgerlichen, Alternative mit Alternativen, Evangelikale mit Evangelikalen, Charismatiker mit Charismatikern.

Der Epheserbrief sagt dagegen: «Ein Leib und ein Geist ist es doch, weil ihr ja auch berufen wurdet zu einer Hoffnung

---

[107] Ebenda, S. 183.

[...]: Ein Herr, ein Glaube, eine Taufe, ein Gott und Vater aller [...].» (Eph 4,4–6) Ich denke, dass wir – jedenfalls vorläufig – durchaus nicht wie Heinrich Schlier katholisch werden müssen. Wir haben in unserer eigenen Kirche noch genug zu tun. Aber mit der folgenden Aussage in seinem Epheserkommentar hat Schlier dennoch etwas sehr Wichtiges gesagt:

«Die zerbrochene Einheit der Kirche ist der Unfriede. Der Unfriede lässt sie und die Welt nicht mehr zur Einheit kommen.»[108]

Es ist ja wirklich wahr: Wie soll die christliche Kirche ein Werkzeug des Friedens sein, solange sie selbst friedlos ist? Kirchliche Aufrufe – und seien sie inhaltlich noch so berechtigt – zu gravierenden Weltproblemen wirken oft deshalb nur halb- oder überhaupt nicht überzeugend, weil viele Kirchenleute sie selbst nicht praktizieren.

Ich schliesse meine Predigt mit einem Gebet aus dem Kirchengesangbuch:

«O Herr, mach mich zu einem Werkzeug deines Friedens;
dass ich Liebe übe, wo man sich hasst,
dass ich verzeihe, wo man sich beleidigt,
dass ich verbinde, da wo Streit ist,
dass ich die Wahrheit sage, wo der Irrtum herrscht,
dass ich den Glauben bringe, wo der Zweifel drückt,
dass ich die Hoffnung wecke, wo Verzweiflung quält,
dass ich dein Licht anzünde, wo die Finsternis regiert,
dass ich Freude mache, wo der Kummer wohnt.
Ach Herr, lass du mich trachten,
nicht dass ich getröstet werde, sondern dass ich tröste,
nicht dass ich verstanden werde, sondern dass ich verstehe,
nicht dass ich geliebt werde, sondern dass ich liebe.
Denn, wer da hingibt, der empfängt,
wer sich selbst vergisst, der findet,

---

[108] Ebenda, S. 185.

wer verzeiht, dem wird verziehen,
und wer da stirbt, der erwacht zum ewigen Leben.» [109]

Amen.

SYNODALPREDIGT AM 26. JUNI 1995 [110]

---

[109] Franziskanisches Gebet aus Frankreich 1913, nach: Gesangbuch der Evangelisch-reformierten Kirchen der deutschsprachigen Schweiz. Zürich und Basel 1998, Nr. 800.

[110] Gehalten in Mogelsberg im Eröffnungsgottesdienst der Synode der Evangelisch-reformierten Kirche des Kantons St. Gallen.

Eine protestantische Antwort auf «Dominus Iesus»

Jetzt aber breche ich nach Jerusalem auf, um den Heiligen einen Dienst zu erweisen. Makedonien und die Achaia haben nämlich beschlossen, eine Kollekte für die Armen unter den Heiligen in Jerusalem zu erheben. (Röm 15,23)

Liebe Gemeinde! Anlass für meine heutige Predigt ist das Dokument «Dominus Iesus» aus Rom, das weltweit eine grosse, teilweise auch sehr heftige und gehässige Diskussion ausgelöst hat.[111] Was steht eigentlich darin? Der Vatikan und sein Chefideologe Kardinal Ratzinger sind offenbar beunruhigt über den auch bei vielen Mitgliedern ihrer eigenen Kirche anzutreffenden Relativismus. «Es kommt doch nicht darauf an, was man glaubt. Es genügt, dass man irgendetwas ehrlich glaubt.» Gegen diese Haltung betont der Vatikan: Jesus Christus allein ist der Weg, die Wahrheit und das Leben. In keinem andern Namen ist das Heil.

So weit würden und müssten wohl auch die meisten Protestanten einverstanden sein. Denken wir an das berühmte «solus Christus» («allein Christus») der Reformation – oder an die viel zitierte erste These der von Karl Barth entworfenen Theologischen Erklärung von Barmen aus dem Sturmjahr 1934: «‹Wahrlich, wahrlich, ich sage euch: Wer nicht zur Tür hineingeht in den Schafstall, sondern steigt anderswo hinein, der ist ein Dieb und ein Mörder. Ich bin die Tür; so jemand durch mich eingeht, der wird selig werden› (Joh 10,1.9). – Jesus Christus, wie er uns in der Heiligen Schrift bezeugt wird, ist das eine Wort Gottes, das wir zu hören, dem wir im Leben und im Sterben zu vertrauen und zu gehorchen haben. – Wir verwerfen die falsche Lehre, als könne und müsse die Kirche als Quelle ihrer Verkündigung ausser und neben diesem einen Worte Gottes auch noch andere Ereignisse und Mächte, Ge-

---

[111] http://www.vatican.va/roman_curia/congregations/cfaith/documents/rc_con_cfaith_doc_20000806_dominus-iesus_ge.html.

stalten und Wahrheiten als Gottes Offenbarung anerkennen.»[112] Vielleicht müssen wir Rom sogar dankbar dafür sein, wenn es diese Wahrheit wieder in den Blick rückt.

Aber die römische Erklärung macht einen weiteren Schritt: Jesus Christus wird gewissermassen mit der real existierenden römisch-katholischen Kirche identifiziert. Es wird zwar nicht behauptet, dass nur römische Katholiken und römische Katholikinnen selig werden können. Objektiv wiesen aber nicht nur sämtliche Weltreligionen eindeutig Mangelerscheinungen auf; sie seien höchstens ein Notbehelf. Sondern auch die nichtrömischen christlichen Kirchen und kirchlichen Gemeinschaften seien keine wahren Kirchen. Besonders wir Protestanten müssen uns von Rom sagen lassen: Da wir keine Bischöfe in der Nachfolge der Apostel hätten und da unser Abendmahl gemäss den Satzungen der römisch-katholischen Kirche nicht gültig sei, seien unsere Kirchen keine Kirchen «im eigentlichen Sinne» dieses Wortes.

Liebe Gemeinde, was sagen wir dazu? Nachdem der erste Wirbel sich wieder gelegt hat, ist es möglich, nach einem sachlichen Urteil zu streben. Drei Gedankenrichtungen fallen mir dazu ein:

1. Gerade weil ich mich seit Jahren im ökumenischen Dialog engagiere, macht es natürlich auch mich traurig, wenn ich so schroffe Töne aus der Zentrale der römisch-katholischen Kirche höre. Ungeschminkt muss man den römischen Instanzen sagen: Ein derartiges Dokument stört den religiösen Frieden. Darüber hinaus steht keineswegs fest (auch viele katholische Fachleute sehen es anders), dass das Zweite Vatikanische Konzil es wirklich so gemeint hat.

2. Gerade in den letzten Wochen habe ich aber viel Erfreuliches und Ermutigendes von Angehörigen der römisch-katholischen Kirche in unserer Region erfahren. Leserbriefe im St. Galler Tagblatt – von katholischen Katechetinnen, aber auch katholischen Theologen und Theologinnen, die in der

---

[112] Vgl. Karl Barth, Texte zur Barmer Theologischen Erklärung. 2. Auflage. Zürich 2004, S. 2f.

Seelsorge arbeiten, Laien und Priestern – rufen uns dazu auf, der ökumenischen Zusammenarbeit die Treue zu halten. Und was mich ganz besonders freut: Bischof Dr. Ivo Fürer von St. Gallen richtete einen sehr entgegenkommenden und liebenswürdigen Brief an die evangelisch-reformierten Kirchen unserer Region. Er betont hier zwar – und das ist sein gutes Recht –, im Glauben sei er «überzeugt, dass [das] Bischofs- und Priesteramt, übertragen durch die Weihe, Geschenke» seien, die Christus der römisch-katholischen Kirche gebe. Gleichzeitig sehe er – und das dünkt mich eine überaus beachtenswerte Formulierung – «die Geistesgaben im Dienst am Wort Gottes in den von der Reformation geprägten Kirchen». Er sei dankbar dafür, «protestantischen Pfarrerinnen und Pfarrern zu begegnen, die» ihn «in der Liebe zu Gott und den Menschen» sogar überträfen! «In diesem […] Sinn [seien] wir miteinander als Kirche unterwegs.»[113] Bischof Ivo Fürer möchte den ökumenischen Dialog und die Zusammenarbeit ganz eindeutig nicht abbrechen. Ich denke, wir sollten glücklich darüber sein und jetzt nicht etwa unserseits die Tür zuschmettern oder die Hand zurückweisen, die ein anderer uns versöhnlich hinhält. Ich komme zum 3. und für meine heutige Predigt wichtigsten Punkt: Kardinal Ratzinger lässt uns also wissen, dass unsere Kirche nicht eine Kirche im eigentlichen Sinne dieses Wortes sei. Regen wir uns darüber nicht nur auf. Sondern nehmen wir den unbequemen Vorwurf zum Anstoss für eine eigene Besinnung.

Liebe Gemeinde, ich habe es schon gesagt: Als ich das Dokument aus Rom las, war auch ich zunächst betreten und verstimmt. Aber könnte es nicht sein, dass Kardinal Ratzinger sogar ein ganz klein wenig Recht hat?

---

[113] Ivo Fürer, Bischof von St. Gallen, Brief an die Kirchenräte der Evangelisch-reformierten Kirchen der Kantone St. Gallen und beider Appenzell und an die Arbeitsgemeischaft Christlicher Kirchen in den Kantonen St. Gallen und Appenzell vom 13. September 2000. Kopie im Archiv der Kirchenratskanzlei der Evangelisch-reformierten Kirche des Kantons St. Gallen. Hier auch das Zitat am Schluss dieser Predigt.

Ich denke über meine eigene evangelisch-reformierte Kirche nach – und zwar über die real existierende evangelisch-reformierte Kirche. Ich versuche, sie so nüchtern und ehrlich wie möglich zu beschreiben. Und ist es dann nicht so: Vieles ist eben nicht so, dass ich laut und stolz rufen könnte: «Nehmt uns doch als Vorbild!»

Wohl die grösste Schwachstelle – nicht der ursprünglichen Reformation, wohl aber des heutigen Protestantismus – ist der übersteigerte Individualismus, der bei uns gepflegt wird. Etwa: Jede evangelisch-reformierte Kantonalkirche in der Schweiz fährt einen Extrazug zum Himmel. Der Schweizerische Evangelische Kirchenbund ist eine vergleichsweise schwache – und wie ich zu beobachten glaube: von manchen Landeskirchen *gewollt* schwache – Institution. Man nimmt ihn vielerorts nicht ernst. Und auf der nächst tieferen Stufe: Seit vierzehn Jahren bin ich Mitglied der St. Galler Synode. Und auch hier habe ich oft den Eindruck: Es mangelt an einem gesamtkirchlichen Bewusstsein. Die Gemeindeautonomie wird so gross geschrieben, dass in der Synode sogar die Frage aufgeworfen werden konnte: Braucht es denn wirklich ein gemeinsames Gesangbuch?

Und noch einmal eine Stufe tiefer: Selbst innerhalb der einzelnen Kirchgemeinden werden viel zu viele «Privatgärtlein» gepflanzt. Wenn jemand etwas als für ihn einleuchtend und richtig erkannt zu haben glaubt, dann führt er es einfach durch, ohne sich zu überlegen, ob nicht allenfalls das kirchliche Zusammengehörigkeitsgefühl geschwächt werde. Ich verzichte darauf, konkrete Beispiele zu nennen, weil der leidige Sachverhalt allzu klar ist. Höchstens eine Einzelheit aus der Stadt St. Gallen: Nach meinem persönlichen Dafürhalten ist es sehr bedauerlich, dass die Zusammenarbeit zwischen den Kirchengemeinden St. Gallen C, St. Gallen Straubenzell und St. Gallen Tablat nicht grundsätzlich, sondern nur von Fall zu Fall – im Notfall – gepflegt wird.

Liebe Gemeinde, und damit komme ich am Schluss meiner heutigen Predigt nun doch noch auf den Bibeltext zu sprechen, den wir vorhin hörten.[114] Es ist der Abschnitt im Römerbrief,

---

[114] Röm 15,23–29.

in dem der Apostel Paulus von der Kollekte für die Urgemeinde in Jerusalem erzählt. Ich habe diesen Text gewählt, weil er uns in Erinnerung ruft: In seinem Kirchenbild beziehungsweise in seinem Kirchenideal stand der Apostel Paulus, so sehr uns das ärgern mag, Kardinal Ratzinger möglicherweise näher als unseren modernen, individualistisch aufgesplitterten evangelisch-reformierten Kirchen.

Paulus setzte sich unermüdlich dafür ein, dass in sämtlichen Gemeinden, mit denen er in Berührung stand, Geld für die Urgemeinde in Jerusalem gesammelt wurde. Aus der Apostelgeschichte wissen wir, dass er das von ihm gesammelte Geld – einen sehr erheblichen Betrag – am Ende sogar persönlich überbrachte, was ihn dann das Leben kostete, da er im Zusammenhang mit der Überbringung der Kollekte nach Jerusalem in römische Gefangenschaft geriet.

Als moderne und wirtschaftlich orientierte Schweizer nehmen wir an der Kollekte für die Urgemeinde in Jerusalem, die Paulus so lebenswichtig war, wohl vor allem eine soziale Komponente wahr. Und das ist ja auch nicht falsch. Es gab viele arme Christinnen und Christen in Jerusalem, die das Geld wirklich brauchten.

Die Kollekte des Apostels Paulus für die Urgemeinde in Jerusalem hatte nach seinem eigenen Verständnis jedoch noch viel mehr eine theologische Komponente. Es ging zuerst und zuletzt um das Band der Einheit. Für Paulus war es selbstverständlich, dass die Kirche Jesu Christi zwar nicht die römisch-katholische (diese existierte damals noch nicht), wohl aber eine im weitesten Sinne dieses Wortes katholische, d.h. eine universale, Kirche ist, anders formuliert: der Leib Christi, der die ganze Welt umspannt und der in einem einzelnen Kirchentum nicht aufgeht. «Leidet nun ein Glied, so leiden alle Glieder mit, und wird ein Glied gewürdigt, so freuen sich alle Glieder mit.» (1Kor 12,26) Oder ebenfalls im 1. Korintherbrief: «Damit meine ich, dass jeder von euch Partei ergreift: Ich gehöre zu Paulus – ich zu Apollos – ich zu Kefas – ich zu Christus. Ist der Christus zerteilt?» (1Kor 1,12f.) In unsere Gegenwart übersetzt würde das so klingen: «Ich meine aber dies, dass jeder von euch sagt: Ich bin ein St. Galler Protestant, ich aber ein Berner Protestant, ich bin eine Anhängerin von Pfarrer X und ich ein Anhänger von Pfarrerin Y. Ist der Christus zerteilt?» *Darum* hat sich Paulus so intensiv zu Gunsten der Kollekte für die Urgemeinde in Jerusalem eingesetzt, dass er deswegen sogar frühzeitig sterben musste, weil er die die ganze Welt umspannende kirchliche Einheit ganz real und konkret sichtbar machen wollte.

Das ist es, was mir als 3. im Zusammenhang mit dem römischen Dokument in den Sinn gekommen ist, das die gegenwärtige Diskussion ausgelöst hat. Insofern könnte das Papier aus Rom in seiner nicht in Abrede zu stellenden Einseitigkeit und Sperrigkeit, wenn nicht sogar Arroganz, jedenfalls einen heilsamen Denkanstoss bedeuten.

Doch ich denke, für heute habe ich genug gepredigt. Ich schliesse mit Sätzen von Bischof Ivo Fürer an die evangelisch-reformierten Christinnen und Christen unserer Region: «Nachdem wir in den letzten Jahrzehnten mit Freude feststellen durften, dass wir einander im Glauben viel näher sind, als wir früher meinten, halte ich es für wichtig, dass wir uns gegenseitig Geistesgaben bezeugen, welche im ersten Moment Anstoss erwecken können. Bitten wir gemeinsam den Heiligen Geist um die Bereitschaft, verschiedene Geistesgaben annehmen und weiterschenken zu können.» Ich denke, das ist gut gesagt. Eine besondere Geistesgabe der römisch-katholischen Kirche ist doch wohl ihr ganz besonderes Bewusstsein der kirchlichen Universalität. Nehmen wir uns – angestossen durch das römische Dokument – diesen Aspekt zu Herzen. Amen.

PREDIGT IN ST. LAURENZEN,
ST. GALLEN, AM 1. OKTOBER 2000

Alle sollen eins sein

Alle sollen eins sein: Wie du, Vater, in mir bist und ich in dir bin, sollen auch sie in uns sein, damit die Welt glaubt, dass du mich gesandt hast. (Joh 17,21[115])

Mein inzwischen verstorbener, von mir aber immer noch hoch verehrter Lehrer Ernst Käsemann hielt im April 1966 eine Gastvorlesung an der Yale Divinity School über Johannes 17. Er fing folgendermassen an: «Lassen Sie mich mit einem sonderbaren Geständnis beginnen. Ich werde über etwas sprechen, was ich zutiefst nicht verstehe.»[116] Nun, ich möchte dem grossen Neutestamentler respektvoll widersprechen. Ich räume zwar ein: Das Johannesevangelium wirft historisch-kritisch betrachtet sehr schwierige Fragen auf, die teilweise wohl für immer offen bleiben werden. Wenn wir Johannes 17, das berühmte hohepriesterliche Gebet, Jesu Abschiedsgebet am Abend vor seinem Tod, aber so lesen, wie der Text nun einmal dasteht, dann ist jedenfalls vieles daran nicht schwer oder sogar unverständlich, sondern im Gegenteil nur allzu, geradezu schmerzhaft deutlich. Es wimmelt von pointierten Aussagen, die besonders für die Ökumene relevant sind.

Ich möchte es zunächst negativ ausdrücken: Das hohepriesterliche Gebet ist ein Bibeltext, der sich gegen allen Klerikalismus, gegen alle kirchlich-institutionelle Selbstüberschätzung und Selbstverliebtheit richtet. Der ökumenische Dialog leidet ja oft daran, dass die einzelnen Konfessionen eine zu hohe Meinung von sich haben. Nur in Klammern erinnere ich an die lutherischen Dogmatiker, die gegen Augsburg 1999 protestierten,[117] oder an die vatikanischen Verfasser von «Dominus Iesus».[118] Wo Absolutheitsansprüche aufeinander stossen, wird der ökumenische Dialog blockiert.

---

[115] Alle Bibelzitate in dieser Predigt nach: Die Bibel. Einheitsübersetzung der Heiligen Schrift © Katholische Bibelanstalt, Stuttgart.

[116] Ernst Käsemann, Jesu letzter Wille nach Johannes 17. Tübingen 1966, S. 9.

[117] Vgl. oben S. 95.

[118] Vgl. oben S. 197f.

Und in diesem Zusammenhang nun Jesu Abschiedsgebet im Johannesevangelium: Mindestens in zweierlei Hinsicht wird jede theologische oder kirchliche Überheblichkeit hier kritisch hinterfragt. Erstens: Die Kirche ist offenbar darauf angewiesen, dass Jesus für sie betet; dass der Sohn fürbittend – und in diesem Sinn wirklich wie ein Hohepriester – vor den Vater hintritt. Wenn Christus zu beten aufhören würde, dann müsste alles kirchliche Tun und Treiben wie ein Kartenhaus zusammenstürzen. Die Kirche hängt von Christus ab. Ekklesiologische Bescheidenheit ist angesagt, wenn man Johannes 17 – und hier vor allem die Gebetsform – ernst nimmt.

Zweitens: Alles kirchliche Tun und Treiben wird durch Johannes 17 noch in einer anderen Hinsicht problematisiert. Wir haben es gehört: «[...] damit die Welt glaubt, dass du mich gesandt hast.» Auch dieser Satz könnte überhaupt nicht deutlicher formuliert sein. Die Kirche ist also kein Selbstzweck, sondern sie hat der ganzen Welt zu dienen, von der es ja schon früher im Johannesevangelium heisst: «Denn Gott hat die Welt so sehr geliebt, dass er seinen einzigen Sohn hingab [...].» (Joh 3,16) Gott will, dass die Welt zum Glauben (und natürlich auch zur Hoffnung und zur Liebe) kommen kann, weil sie sonst verloren gehen muss. Eine glaubens-, hoffnungs- und lieblose Welt ist zum Untergang bestimmt. Und präzis an dieser Stelle hat nun die Ekklesiologie, die Rede von der Kirche, ihren Ort. Kirche – jedenfalls nach dem Verständnis von Johannes 17 – ist nicht die Vereinigung der bereits Erlösten, die sich auf sich selbst zurückziehen und die gottlose Welt getrost sich selbst überlassen können. Kirche ist nicht Selbstzweck.

Ich möchte an Karl Rahner erinnern, dessen grosse Stimme heute leider fehlt. Vor allem in seinen späten Werken wurde er nicht müde, gerade diese Verantwortung der Kirche für die ganze Welt zu unterstreichen. Kirche war für Karl Rahner «nicht die Gemeinschaft derer, die [das Heil] besitzen, [...] sondern die Gemeinschaft derer, die ausdrücklich bekennen können, was sie und die anderen zu sein hoffen».[119] Oder ein anderes Zitat: «[...] die Kirche heute [ist] nicht so sehr als die

[119] Karl Rahner, Schriften zur Theologie V. Einsiedeln 1962 S. 156.

exklusive Gemeinschaft der Heilsanwärter [zu] betrachten, sondern vielmehr als de[r] geschichtlich greifbare Vortrupp [...].»[120] Vortrupp oder Avantgarde sein bedeutet: den Weg für andere bereiten und diesen nicht im Weg stehen.

Das vor allem an ökumenischen Konferenzen am häufigsten zitierte Wort aus Johannes 17 «Alle sollen eins sein», wie die Einheitsübersetzung das klassische «Ut omnes unum sint» übersetzt, liegt auf dieser Linie. Als Grund oder Zweck der gesuchten und geforderten Einheit wird hier angegeben – ich wiederhole den Halbsatz: «[...] damit die Welt glaubt, dass du mich gesandt hast.» Die Zersplitterung der Christenheit und der theologische Streit, der diejenigen mit einer abweichenden Meinung ausgrenzt, stehen der Verkündigung des Evangeliums im Weg wie sonst wenig.

Eben bin ich von einer Reise in den Nahen Osten zurückgekehrt, weshalb ich Gelegenheit hatte, mich der Frage zu stellen, weshalb der Islam damals im 7. Jahrhundert so atemberaubend schnell sich nicht nur in Arabien, sondern auch in den angrenzenden, zu jener Zeit noch ausnahmslos christlichen Ländern ausbreiten konnte. Ich denke, mit Grund lässt sich sagen: Wenn Byzantiner und Kopten, Orthodoxe, Monophysiten, Nestorianer, Ebioniten usw. nicht Jahrhunderte lang fast pausenlos miteinander gestritten und Krieg gegeneinander geführt hätten, wäre die Geschichte anders verlaufen. In manchen ursprünglich christlichen Ländern des Orients wurden die islamischen Heere von der Bevölkerung als Befreier begrüsst. Und einige Jahrhunderte später in der Zeit der Kreuzzüge wiederholte es sich: Syrien und Palästina wurden von Armeen aus dem christlichen Europa dem Islam geradezu in die Arme getrieben. Es ist beinahe verwunderlich, dass es auch heute noch christliche Minoritäten in diesen Ländern gibt.

Und wie steht es bei uns? Wie wollen wir den durchschnittlichen Zeitgenossinnen und Zeitgenossen verständlich machen, dass eucharistische Gastfreundschaft nach wie vor höchstens in streng begrenzten Ausnahmefällen allenfalls widerwillig

---

[120] Ebenda.

geduldet werden kann? Streit am Tisch des Herrn macht den christlichen Glauben kaum anziehend für eine Welt, die doch ganz andere Sorgen hat. Natürlich, man soll «das Heilige nicht den Hunden» geben und «Perlen nicht den Schweinen» vorwerfen. (Mt 7,6) Aber auch das andere steht im Neuen Testament und beleuchtet eine heute wohl viel grössere Gefahr: «Löscht den Geist nicht aus!» (1Thess 5,19)

Zum Schluss möchte ich eine weitere Einzelheit aus Johannes 17 hervorheben: Die Einheit der Christinnen und Christen untereinander wird mit der innertrinitarischen Einheit zwischen Vater, Sohn und Heiligem Geist verglichen. «Alle sollen eins sein: Wie du, Vater, in mir bist und ich in dir bin [...].» (Joh 17,21) Innertrinitarisch gibt es keinen Zwang und ganz gewiss keine Uniformität, weil hier die Liebe das einigende Band ist. Ich habe Ernst Käsemann erwähnt. Obwohl er am Anfang seiner Gastvorlesung an der Yale Divinity School bekannte, dass Johannes 17 in seinen Augen eine schwierige oder sogar unlösbare Interpretationsaufgabe sei, machte er natürlich doch inhaltliche Aussagen zum Text. Zum Stichwort Einheit formulierte er: «Die vielfach gegliederte Welt kann nur von vielfach gegliederten Gaben und Diensten in der ganzen Fülle der Möglichkeiten Christi durchdrungen werden. Einheit meint [...] nie Gleichheit, sondern Solidarität, also die spannungsvolle Verbundenheit der untereinander Verschiedenen. Christliche Einheit impliziert Freiheit des Einzelnen in der ihm gegebenen Gabe und dem ihm aufgetragenen Dienst. Sie lehrt, Spannungen zu ertragen und sogar zu bejahen. Wichtig ist nicht, alles auf einen Nenner zu bringen, sondern Freiheit bis an die Grenzen dessen zu gewähren, was die Gemeinschaft sprengt.»[121] «Versöhnte Verschiedenheit» ist dem-

---

[121] Ernst Käsemann, Jesu letzter Wille nach Johannes 17. Tübingen 1966, S. 101.

nach die Losung. Dem habe ich nichts hinzuzufügen. Ich möchte mit dieser Erinnerung an meinen Tübinger Lehrer schliessen. Amen.

PREDIGT AN EINER ÖKUMENISCHEN TAGUNG IN BERN AM 29. OKTOBER 2001[122]

---

[122] Schlussgottesdienst der von der Evangelisch/Römisch-katholischen Gesprächskommission der Schweiz veranstalteten Tagung «Augsburg 1999 – zwei Jahre danach».

AUSKLANG

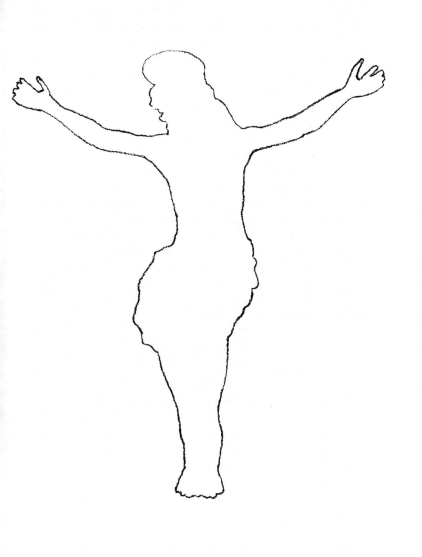

Der Tod des Mose

Liebe Hörerin, lieber Hörer, zur Zeit bin ich in einer für mich merkwürdigen Lebensphase. Nach zweiundzwanzig Jahren bin ich als Pfarrer und Lehrbeauftragter für evangelische Theologie an der Universität St. Gallen zurückgetreten. Von jetzt an bin ich «Pfarrer im Ruhestand» oder allenfalls «freischaffender Theologe». Ein reiches und erfülltes Stück meines Lebens ist zu Ende gegangen. Teilweise fühle ich mich befreit. Zum grösseren Teil ist das Abschiednehmen aber schmerzlich für mich. Vor allem den Kontakt und in vielen Fällen die Freundschaft mit jungen Menschen werde ich vermissen. Ich darf zwar weiter Bücher schreiben und Radiopredigten halten. Aber das ist nur teilweise ein Trost.

In diesem Zusammenhang habe ich mich mehrmals mit einem Bibeltext beschäftigt, der mir hilfreich erscheint: Dtn 34, der Tod des Mose. Ich möchte mich zwar nicht mit Mose vergleichen, der grössten Gestalt der Hebräischen Bibel überhaupt. Und ich hoffe wenigstens, dass ich nicht demnächst sterben werde. Aber hören wir zuerst einfach einmal den Bibeltext, der zu den grossen und unverzichtbaren Texten der Menschheitsgeschichte gehört:

Und Mose stieg aus der Wüste von Moab auf den Berg Nebo, auf den Gipfel des Pisga gegenüber von Jericho. Und der HERR *liess ihn das ganze Land sehen, von Gilead bis nach Dan, ganz Naftali und das Land Efraims und Manasses und das ganze Land Judas bis an das westliche Meer, den Negev und die Ebene des Jordan, die Talebene von Jericho, der Palmenstadt, bis nach Zoar. Und der* HERR *sprach zu ihm: Dies ist das Land, von dem ich Abraham, Isaak und Jakob geschworen habe: Deinen Nachkommen will ich es geben. Ich habe es dich mit deinen Augen schauen lassen, aber du wirst nicht dort hinüberziehen. Und Mose, der Diener des* HERRN, *starb dort im Land Moab nach dem Befehl des* HERRN. *Und er begrub ihn im Tal, im Land Moab gegenüber von Bet-Peor, und bis heute kennt niemand sein Grab. Mose aber war hundertzwanzig Jahre alt, als er starb, seine*

Augen waren nicht trübe geworden, und seine Frische hatte
ihn nicht verlassen. Und die Israeliten beweinten Mose in
den Steppen von Moab dreissig Tage lang; dann waren die
Tage des Weinens und der Trauer um Mose zu Ende. Josua
aber, der Sohn des Nun, war erfüllt vom Geist der Weisheit,
denn Mose hatte ihm die Hände aufgelegt. Und die Israeli-
ten hörten auf ihn und taten, was der HERR dem Mose ge-
boten hatte. (Dtn 34,1–9)

Der Text hat mich seit Jahren tief beeindruckt. Man ver-
gegenwärtige sich den Zusammenhang: Mose hatte von seinem Gott den Auftrag erhalten, das Volk Israel aus der Sklaverei in Ägypten ins Gelobte Land zu führen, wo es vor Gott
leben sollte. Es war eine mühsame Geschichte. Zuerst der
Kampf mit dem Pharao in Ägypten, dann das unablässige und
undankbare Murren des Volks während der Wüstenwande-
rung. Und endlich – die Bibel sagt in ihrer symbolischen Sprache: nach 40 Jahren – war es so weit. Das Gelobte Land, in
dem Milch und Honig fliessen, lag vor Mose. Wir haben es
gehört: «[...] von Gilead bis nach Dan, ganz Naftali und das
Land Efraims und Manasses und das ganze Land Judas bis an
das westliche Meer, den Negev und die Ebene des Jordan, die
Talebene von Jericho, der Palmenstadt, bis nach Zoar.» Es ist
ein gewaltiger Blick. Vor einigen Jahren habe ich selbst den
Berg Nebo im heutigen Jordanien besucht und mich über die
Aussicht gefreut. Aber – und das ist wohl der entscheidende
Punkt: Mose selbst darf das Gelobte Land nicht betreten. Das
Ziel, auf das er während Jahrzehnten hingearbeitet hat, bleibt
für ihn persönlich unerreichbar. Er sieht das Gelobte Land.
Aber er selbst darf nicht darin wohnen. Sein Lebenswerk bleibt
für ihn ein Bruchstück, wenn auch ein grosses.
   Es liegt zwar viel Versöhnliches über dem eindrucksvollen
Text. Mose darf das Land wenigstens sehen. Gott selbst sorgt
in grosser Zartheit für ein angemessenes Begräbnis des Mannes, der Israel in die Freiheit führte und ihm seine Gesetze gab.
Und die Geschichte wird ihre Fortsetzung finden. Auch das
haben wir gehört: «Josua aber, der Sohn des Nun, war erfüllt
vom Geist der Weisheit, denn Mose hatte ihm die Hände auf-

gelegt. Und die Israeliten hörten auf ihn und taten, was der HERR dem Mose geboten hatte.» Kein Mensch ist unersetzlich. Niemand soll sich einbilden, ohne ihn oder sie könne es nicht weiter gehen.

Anlässlich eines Stellenwechsels oder einer Pensionierung habe ich schon oft erfahren, dass jemand sagte: «Die andern werden dann schon sehen: Wenn ich nicht mehr da bin, wird es Schwierigkeiten geben. Die wissen ja überhaupt nicht, für was alles ich gesorgt habe, ohne ein grosses Aufsehen zu machen. Ich war selbstverständlich einfach da und habe an alles gedacht. Ich habe nicht einmal eine Spesenrechnung gestellt.» In diesem Zusammenhang dünkt mich die Geschichte vom Tod des Mose beispielhaft. Mose muss seine Aufgabe jüngeren Händen übergeben, obschon – wie die Bibel sagt – seine Augen nicht trübe geworden waren und seine Frische ihn nicht verlassen hatte. Liebe Hörerin, lieber Hörer, vielleicht haben Sie selbst schon Vergleichbares erfahren. Sie mussten die Stelle wechseln. Oder Sie wurden pensioniert. In der Familie haben Sie erlebt, dass die Kinder erwachsen wurden. Sie zogen von zu Hause aus. Als Vater oder Mutter werden Sie – wenn ich so herzlos sprechen darf – nicht mehr gebraucht, oder jedenfalls vorübergehend nicht mehr, bis Enkel auf die Welt kommen. Für den Moment mag man das als bitter empfinden. Aber Hand aufs Herz: Gibt es nicht auch alte Eltern, die gerade deshalb nicht fröhlich weiterleben können, weil ihre Kinder nicht flügge geworden sind? Man muss sich Gedanken um einen dreissigjährigen Sohn machen, weil er drogenabhängig ist, oder um eine vierzigjährige Tochter, weil sie geistig behindert ist und darauf angewiesen ist, jedes Wochenende im Haus ihrer Eltern eine wohnliche Unterkunft zu finden. Es ist oft gut, wenn man nicht nur loslassen muss, sondern auch loslassen darf. Nichts ist belastender, als wenn man unter dem Zwang steht, ewig jung zu bleiben und für alles und jedes die Verantwortung zu behalten, auch wenn die Kräfte kleiner werden. Ich stelle mir vor: Mose war gewiss wehmütig, als er das Gelobte Land erblickte, zugleich aber realisieren musste, dass er es persönlich nicht betreten würde. Sein Lebenswerk musste er einer jüngeren Generation überlassen. Neben der

Wehmut dürfte Mose aber auch Erleichterung empfunden haben. «Ich muss nicht alles machen. Mit meiner Verantwortung ist es vorbei. Ich darf mein Lebenswerk anderen überlassen. Auch ohne mich geht das Leben weiter.» Mit einem Satz, aus dem Abendgebet der frommen Juden, den das Lukasevangelium dem sterbenden Jesus in den Mund legt: «Vater, in deine Hände lege ich meinen Geist.» (Lk 23,6, nach Ps 31,6)

Liebe Hörerin, lieber Hörer, im letzten Teil meiner Predigt möchte ich an einen Mann erinnern, dem das Kapitel vom Tod des Mose viel bedeutet hat, weil es ihm half, die eigene, überaus schwierige Lebenslage in einen grösseren Zusammenhang einzuordnen und so besser zu bewältigen. Ich denke an Dietrich Bonhoeffer, den deutschen Theologen, der Widerstand gegen Hitler leistete. Im Frühling 1943 wurde er ins Gefängnis geworfen. Im Frühling 1945 hörte man in der Ferne bereits die Kanonen der amerikanischen Armee, die im Begriff war, dem nationalsozialistischen Regime ein Ende zu setzen. Aber im allerletzten Moment erwies sich die Hitlerherrschaft als noch so schlagkräftig, dass Bonhoeffer wenige Tage vor dem Ende des Zweiten Weltkriegs im Konzentrationslager Flossenbürg in Bayern hingerichtet wurde. Vergleichbar mit Mose hat auch Bonhoeffer das Gelobte Land nur noch sehen, aber nicht mehr betreten können. Auch er musste das von ihm Angefangene andern Händen überlassen. Die Geschichte vom Tod des Mose hat ihn zu einem grossen Gedicht angeregt. Aus diesem möchte ich zum Schluss einige Verse vorlesen – in der Hoffnung, dass sie auch Sie ansprechen und Ihnen in Ihrem eigenen Leben helfen:

«Auf dem Gipfel des Gebirges steht
Mose, der Mann Gottes und Prophet.

Seine Augen blicken unverwandt
In das heilige, gelobte Land. [...]

Und die alten Augen schauen, schauen
Ferne Dinge, wie im Morgengrauen [...].

‹So erfüllst Du, Herr, was Du versprochen,
niemals hast Du mir Dein Wort gebrochen. [...]

Wenn mich die Nacht des Todes nun umhüllt,
seh' ich von ferne doch Dein Heil erfüllt.

Heil'ges Land, ich habe Dich geschaut,
schön und herrlich als geschmückte Braut [...].

Gottes Weinberg, frisch vom Tau befeuchtet,
schwere Trauben, sonnenglanzumleuchtet,

Gottes Garten, Deine Früchte schwellen,
klares Wasser sprudeln Deine Quellen.

Gottes Gnade über freier Erde,
dass ein heilig neues Volk hier werde.

Gottes Recht bei Starken und bei Schwachen
Wird vor Willkür und Gewalt bewachen. [...]

Gottes Frieden wird gleich starken Türmen
Herzen, Häuser, Städte treu beschirmen. [...]

So zieh denn hin, mein Volk, es lockt und ruft
die freie Erde und die freie Luft. [...]

Schaut des gelobten Landes Herrlichkeit,
alles ist Euer und Ihr seid bereit.›»[123]

---

[123] Dietrich Bonhoeffer, Wiederstand und Ergebung, Gütersloh 1998,
S. 590ff., © by Gütersloher Verlagshaus, Gütersloh, in der
Verlagsgruppe Random House GmbH, München.

Liebe Hörerin, lieber Hörer, wer so sein Lebenswerk jüngeren Händen übergeben kann, ist beneidenswert. Möge es auch mit mir – und je nach Lebenssituation – auch mit Ihnen heute oder morgen so bestellt sein. Amen.

RADIOPREDIGT AM 7. MÄRZ 2004

Denn wir haben hier keine bleibende Stadt

Sommerzeit ist Reisezeit. Viele machen Badeferien am Meer, oder sie sind sonst weit weg. Andere freuen sich aber über Urlaubstage in der Schweiz, in unserer Heimat. Die Schweiz ist nicht umsonst wegen ihrer Naturschönheiten berühmt. Das ist schon oft besungen worden:

«Unser Land mit seiner Pracht,
seine Berge, seine Fluren
sind die Zeugen deiner Macht,
deiner Vatergüte Spuren»,

heisst es in einem Kirchenlied.[125] In meiner Predigt frage ich danach, wie Menschen in der Bibel über Heimat denken, was sie zu Tränen rührt oder jubeln lässt. Was ist für sie Heimat? Die Antwort ist leicht: Die Bibel – besonders das Alte Testament – ist voll von Heimatliebe. Das Land der Israeliten heisst überschwänglich und poetisch «ein Land, wo Milch und Honig fliessen» (z.B. Ex 3,8). Solche Bilder von der Heimat gibt es zuhauf, in der Bibel und auch aus der Feder von Schweizer Autoren. Viele von Ihnen kennen das Gedicht «An das Vaterland» von Gottfried Keller:

«O mein Heimatland! O mein Vaterland!
Wie so innig, feurig lieb ich dich!»[126]

Keller erzählt darin aber auch von etwas ganz anderem, vom Heimweh:

«Als ich fern dir war, o Helvetia!
Fasste manchmal mich ein tiefes Leid [...].»[127]

---

[124] Gesangbuch der Evangelisch-reformierten Kirchen der deutschsprachigen Schweiz. Basel und Zürich 1998, Nr. 518, 2.
[125] Gottfried Keller, Sämtliche Werke. Erster Band. Herausgegeben von Jonas Fränkel. Bern und Leipzig 1931, S. 231.
[126] Ebenda.

Da höre ich einen Menschen klagen. Ich höre, wie sich ein Mensch danach sehnt, dort zu sein, wo er sich geborgen fühlt. Und darin begegnen sich Menschen aus allen Zeiten, auch aus biblischer Zeit. Da hat jemand laut geklagt, gesungen und seinen Schmerz mit den anderen geteilt:

«An den Strömen Babels,
     da sassen wir und weinten,
als wir an Zion dachten.
Unsere Leiern hängten wir
     an die Weiden im Land. [...]
Wie könnten wir Lieder des HERRN singen
     auf fremdem Boden.» (Ps 137,1–2 und 4)

Der Sänger dieser Verse war – zusammen mit Tausenden von anderen Menschen – gegen seinen Willen aus Jerusalem nach Babylonien verschleppt worden. Die fröhlichen Lieder, die er früher gesungen hatte, blieben ihm in der Kehle stecken; es war ihm nicht ums Singen.

«Meine Zunge soll an meinem Gaumen kleben,
     wenn ich deiner nicht mehr gedenke,
wenn ich Jerusalem nicht erhebe
     über die höchste meiner Freuden.» (Ps 137,6)

Wer seine Heimat verloren hat, hat auch ein Stück von seinem Paradies verloren. Oft steht es ja so: Erst wer etwas nicht mehr hat, merkt, wie lieb es ihm war. Wir realisieren häufig zu wenig, wie schmerzlich der Verlust ihrer Heimat für Menschen ist, die als Flüchtlinge zu uns kommen und ihre Heimat wegen Hunger, Gewalt, Unterdrückung oder Krieg verlassen mussten.

Im babylonischen Exil ging es vielen Emigranten aus Jerusalem und Judäa verhältnismässig gut. Sie konnten sich Häuser bauen, Gärten anpflanzen. Nicht alle, aber manche waren tüchtige Geschäftsleute. Sie brachten es zu neuem Wohlstand. Die Bibel nennt zum Beispiel den Juden Nehemia, der weit weg von der Heimat Karriere am königlichen Hof macht. Wenn er aber die Gelegenheit dazu hat, erkundigt er sich nach der Heimat. Und als man ihm erzählt: «Die Übriggebliebenen, [...] die nicht gefangen genommen worden waren, sind in grossem Unglück und in Schande: Die Mauer Jerusalems ist niedergerissen und seine Tore sind im Feuer verbrannt», sagt er von sich selbst: «Und als ich diese Worte gehört hatte, setzte ich mich und weinte und trauerte tagelang, und dabei fastete ich und betete vor dem Gott des Himmels.» (Neh 1,3–4) Auch als hochgestellter Beamter, der objektiv gesehen alles hat, was er zum Leben braucht, und sogar noch mehr, bleibt er seinem Herkunftsland verbunden. Ich vermute, dass wir diesen Aspekt heute in der Schweiz häufig unterbewerten, wenn es um Gastarbeiter und Asylbewerber und Asylbewerberinnen geht. Fast niemand verlässt seine Heimat gern und hat nicht manchmal Heimweh.

Einer meiner Freunde ist im Jahr 1956 (also vor fünfzig Jahren) aus Ungarn in den Westen geflüchtet. Seit langem ist er Schweizerbürger und bekleidet eine angesehene Position. Seit dem Ende des Kommunismus macht er aber regelmässig in Ungarn Urlaub. Und er hat mir anvertraut, dass er immer noch auf Ungarisch träumt – heute sogar wieder häufiger als zu gewissen früheren Zeiten.

Wir Schweizer sind heimatverbunden. Dieser Ungar ist heimatverbunden. Die Menschen in der Bibel waren heimatverbunden. Als ich über das Thema Heimat nachdachte, fand ich in der Bibel aber noch einen anderen Aspekt: «Denn wir haben hier keine bleibende Stadt, sondern die zukünftige suchen wir», heisst es im Hebräerbrief im Neuen Testament. (Hebr 13,14) Ganz ähnlich steht es im Philipperbrief des Apostels Paulus: «Denn unsere Heimat ist im Himmel; von dort erwarten wir auch als Retter den Herrn Jesus Christus, der unseren armseligen Leib verwandeln wird [...].» (Phil 3,20f.)

Was immer wir tun, wo immer wir leben, wir tun es für eine bestimmte Zeit, und wir leben auf Zeit. Wir sind unterwegs und noch nicht am Ziel. Mögen wir mit unserer irdischen Heimat noch so tief verbunden sein und Freude daran haben – und im Fall, dass wir aus unserer irdischen Heimat vertrieben worden sind, Sehnsucht danach haben –, das Tiefste, Letzte,

Höchste und Kostbarste ist sie nicht. Ja, es wäre sogar falsch, unsere irdische Heimat – und sei es die wunderbare Schweiz mit ihren Seen und Bergen – absolut zu setzen. Mit den Augen des Glaubens betrachtet, ist der mächtige Säntis und sogar das Matterhorn oder die Jungfrau nicht göttlich und ewig, sondern relativ und zeitlich.

Ich habe vorhin aus Gottfried Kellers berühmtem Gedicht «An das Vaterland» zitiert. Von Gottfried Keller wird niemand sagen können, dass er die Schweiz nicht liebte. «Achte jedes Mannes Vaterland, aber das deinige liebe!»[127] Auch dieses Zitat stammt von Keller. Und doch können wir Stellen bei ihm finden, die das Gedicht «An das Vaterland» deutlich korrigieren.

Eine Zeitlang arbeitete er als Erster Staatsschreiber des Kantons Zürich. In dieser Eigenschaft entwarf er das Bettagsmandat für das Jahr 1862, in dem steht:

«[...] wenn auch [...] der grosse Baumeister der Geschichte in unserem Bundesstaate [zwar nicht] ein vollgültiges Muster, [wohl aber] einen Versuch im kleinen, gleichsam ein kleines Baumodell [für die Völker] aufgestellt hat, so kann derselbe Meister das Modell wieder zerschlagen, sobald es ihm nicht mehr gefällt, sobald es seinem grossen Plane nicht entspricht. Und es würde ihm nicht mehr entsprechen von der Stunde an, da wir nicht mehr mit [...] Ernst[.] vorwärts streben [...] wollten.»[128]

Der Regierungsrat des Kantons Zürich weigerte sich, diesen Text zu unterschreiben, weil er ihm – wie das Protokoll vermerkt – offenbar zu wild war.[139] Man wollte dem Volk den Gedanken nicht zumuten, dass Gott den selbständigen Staat Schweiz auch von der Landkarte verschwinden lassen könnte, sollte er seinem Anspruch eines Tages nicht mehr genügen.

Zurück zur Bibel: So sehr die Menschen dort ihre Heimat lieben, an ihr hängen und eine Gabe Gottes darin erblicken, so

---

[127] Gottfried Keller, Sämtliche Werke. Zehnter Band. Herausgegeben von Carl Helbling. Bern 1945, S. 71.
[128] Ebenda. Einundzwanzigster Band. Bern 1947, S. 229.
[129] Nach: Ebenda, S. 337f.

wenig können sie über sie verfügen. Abraham muss in seinem langen Leben zweimal seine Heimat hinter sich lassen – zuerst Ur in Chaldäa (Gen 11,31) und dann noch einmal Haran (Gen 12,5) – und wieder von vorn anfangen. Besonders zu denken gibt die folgende Geschichte: Das erste und einzige Stück Land, das Abraham als persönliches Eigentum erwirbt, ist das Grundstück, auf dem er seine Frau Sara begräbt und wo später auch er und seine Nachkommen ihre letzte Ruhestätte finden! (Gen 23) Auch der Erzvater Jakob stirbt nicht daheim, sondern in Ägypten und kehrt nur als Leichnam in seine irdische Heimat zurück. (Gen 50) Und Mose erhält zwar den Auftrag, das Volk Israel aus Ägypten ins Gelobte Land zu führen, aber er selbst darf dieses nicht betreten; er stirbt vorher. (Dtn 34) – Das babylonische Exil habe ich schon erwähnt. – Von Jesus steht im Evangelium: «Die Füchse haben Höhlen, und die Vögel des Himmels haben Nester, der Menschensohn aber hat keinen Ort, wo er sein Haupt hinlegen kann.» (Lk 9,58)

So besehen sind wir als Christinnen und Christen keine übersteigerten Patrioten, auch wenn wir unsere Heimat lieben. Wir *können* es nicht sein. Wir können uns nicht auf unsere Väter berufen und am Ort verharren, um uns selbst zu behaupten – selbst dann nicht, wenn dieser Ort Heimat heissen mag. Wir können über nichts und niemanden verfügen. «Denn wir haben hier keine bleibende Stadt, sondern die zukünftige suchen wir.» Das verpflichtet. Es verpflichtet, hier zu teilen und nur das Beste zu tun – nicht selbstgerecht, sondern teilend, nicht zerstörend, sondern heilend, nicht besitzend, sondern liebend. Amen.

RADIOPREDIGT AM 6. AUGUST 2006

FRANK JEHLE wurde 1939 in Zürich geboren. Nach dem Theologiestudium in Zürich, Tübingen und am San Francisco Theological Seminary in San Anselmo, Kalifornien, ging er zuerst ins Gemeindepfarramt. Ab 1970 war er Religionslehrer an Kantonsschule und Lehrerseminar Sargans. In jener Zeit war er einer der Gründer des Katecheteninstituts der St. Galler Kirche, unterrichtete auch am Kindergärtnerinnenseminar und wurde in Zürich mit einer Arbeit über Grundfragen der religiösen Erziehung promoviert. 1982–2004 war er Seelsorger und Lehrbeauftragter für evangelische Theologie an der Universität St. Gallen. Seiner Kirche stellte er sich auch als Mitglied der Synode und als Synodalpräsident zur Verfügung, ebenso als Abgeordneter in der Konkordatsprüfungsbehörde sowie ab 1990 zuerst als Mitglied und dann elf Jahre lang als Kopräsident der Evangelisch/Römisch-katholischen Gesprächskommission der Schweiz. Aus seiner vielfältigen publizistischen Tätigkeit seien hier erwähnt: «Was glauben wir wirklich? Eine Einführung in den gemeinsamen christlichen Glauben» (1989), «Dem Tod ins Gesicht sehen. Lebenshilfe aus der Bibel» (1993), «Wie viele Male leben wir? Seelenwanderung oder Auferstehung» (1996), «Du darfst kein riesiges Maul sein, das alles gierig in sich hineinfrisst und verschlingt. Freiburger Vorlesungen über die Wirtschaftsethik der Reformatoren Luther, Zwingli, und Calvin» (1996), «Grosse Frauen der Christenheit» (1998), «Lieber unangenehm laut als angenehm leise. Der Theologe Karl Barth und die Politik 1906–1968» (1999 und 2002) und «Emil Brunner. Theologe im 20. Jahrhundert» (2006). Frank Jehle ist verheiratet mit der Historikerin Marianne Jehle-Wildberger, Vater von zwei erwachsenen Söhnen und stolzer Grossvater des 9-jährigen Michael.

HANS THOMANN, geboren 1957 in Uzwil, lebt und arbeitet in St. Gallen. Ausbildung/Werdegang: 1978–1980 Kunstgewerbeschule St. Gallen, 1981 Meisterklasse bei Mario Merz in Salzburg. Auszeichnungen/Preise: 1987 Förderungspreis der Stadt St. Gallen, 1988 Werkzeitbeitrag der Stadt St. Gallen, 1990 Kunstpreis der Stadt Konstanz, 1992 UBS Förderungspreis, 2003 Atelier Cité des Arts, Paris, Werkstipendium der Galerie BMB, Amsterdam, 2005 Kulturwohnung des Kantons St. Gallen, Rom. Ausstellungen in der Schweiz, Deutschland, Österreich, Italien, Frankreich, Belgien, Holland, USA, Japan, Südkorea. Werke in vielen öffentlichen und privaten Sammlungen und im öffentlichen Raum (darunter einige Kirchen) in der Schweiz, Deutschland, Österreich, Frankreich.